rororo

rororo

Nach ihrem Bestseller „Du hast mich auf dem Balkon vergessen“ versammeln Anna Koch und Axel Lilienblum erneut die skurrilsten, peinlichsten und bewegendsten SMS, die wohl manches Mal besser nie verschickt worden wären.
Über ihre Website *SMSvonGesternNacht.de* erhalten sie täglich Hunderte von Kurznachrichten, bei denen weder Absender noch Empfänger, dafür stets die Uhrzeit des Versendens angegeben ist. Die Uhrzeiten dienen im vorliegenden Buch wieder als roter Faden durch 24 Stunden mit den besten und lustigsten Beiträgen des letzten Jahres.

Anna Koch und Axel Lilienblum wohnen beide in Berlin. Auf *SMSvonGesternNacht.de* sammeln sie seit November 2009 nächtliche Handybotschaften.

Anna Koch
Axel Lilienblum (Hg.)

Ist meine Hose noch bei euch?

Neues aus

SMSvonGesternNacht.de

Rowohlt Taschenbuch Verlag

Anmerkung der Autoren: Dort, wo es nicht zum Witz oder der Tonart der SMS gehörte, wurden die SMS der Lesefreundlichkeit halber der deutschen Rechtschreibung und Interpunktion angepasst. Eigenheiten des Mediums wie Abkürzungen, Smileys usw. wurden so weit wie möglich beibehalten.

2. Auflage Dezember 2011 Originalausgabe Veröffentlicht im Rowohlt Taschenbuch Verlag, Reinbek bei Hamburg, Dezember 2011 Umschlaggestaltung ZERO Werbeagentur, München (Abbildung: FinePic®, München) Illustrationen im Innenteil Esther Masemann, Berlin Innengestaltung Daniel Sauthoff ;-D Satz FF Eureka PostScript (InDesign) bei KCS GmbH, Buchholz bei Hamburg Druck und Bindung CPI – Clausen & Bosse, Leck Printed in Germany ISBN 978 3 499 62809 2

Inhalt

Vorwort

Die Frage, die jeden Dreijährigen umtreibt, bestimmte auch unsere Welt im letzten Jahr maßgeblich: Warum? Warum sammeln wir unverständliche, missglückte SMS; Peinlichkeiten, die sich überwiegend im Primatenspektrum des menschlichen Lebens abspielen? Warum betreiben wir dafür eine Website? Und warum das Ganze jetzt – erneut – in Buchform?
Nun, die Antwort ist so einfach wie für manchen vielleicht unbefriedigend: weil es Spaß macht. Und nicht nur uns, sondern Hunderttausenden mit uns. Und weil neben dem Spaß nicht nur Themen für Smalltalk herausspringen, sondern man auch eine Menge lernt: Zum Beispiel, warum die Raum-Zeit-Krümmung für Verspätungen verantwortlich sein kann, worin der Unterschied zwischen inkognito und in flagranti besteht und dass das endoplasmatische Retikulum zu Schlafstörungen führt.
In diesem Sinne: gute Unterhaltung und viel Spaß!

Anna Koch
&
Axel Lilienblum

I
19:03 bis 22:00 Uhr

Fi(lm gu)cken?

19:03
Schal anziehen?
19:05
Ich würd's lassen.
19:08
Stimmt, hängt nachher eh nur in der Kotze.

19:05
Erstens hab ich das nicht gesagt und zweitens hab ich doch Recht, Mann!

19:10
Hey, danke nochmal, dass du mir direkt das Angebot gemacht hast und mir deine Nummer gegeben hast. Hat mich echt gefreut dich kennengelernt zu haben.
19:45
Die Freude ist ganz deinerseits.

19:11
Also wir kommen, aber zwei Regeln: Du machst uns nicht betrunken und keine von uns hat mit dir alleine Sex! OK?!?!

19:12

OMG ... Ich sitze grad in der S-Bahn und da sitzt 'nen Typ und kaut auf seinem Handschuh rum als wär's 'nen Steak.

19:14

Oh Gott, einen Sitz weiter sitzt eine alte Frau, die ein Kissen in der Hand hat... Das Ding sieht ohne Witz so aus wie die Lasagne von gestern! Du weißt, was ich meine? :-D

19:22

Du hast Hunger, oder?!

19:14

Folgendes: Meine Schwester hat 2 Klingeltöne! Einer hört sich an wie ein Elektrorasierer, der andere wie ein Staubsauger! Sie lässt die Töne laufen, meine Mutter: „Also man kann's auch übertreiben." Wir sind ratlos, was sie meint, lassen das so im Raum stehen ...

19:30

Jetzt sagt grad meine Mutter zu mir in der Küche: „Rasierst du dich auch mit deinem Handy?" Ich erkläre ihr, dass es nur Klingeltöne waren. Meine Mutter: „Ach so, und ich hab mich schon gefragt, wo der Staub beim Staubsaugen hingeht." UNFASSBAR!!! Aber es war tatsächlich genau so ... DAS ist meine Mutter!

19:20
Alter! Ich bin schockiert. Ich steh grad in deinem Wohnzimmer, dein Hund liegt auf der Coutch und guckt sich „Sissi“ an.

19:21
Haha ... du Trottel hast Couch falsch geschrieben :-)

19:21
Hey Schatz, schon mal alles Gute zum Bday. Bin in der Stadt, wollte dir dein Geschenk holen, aber der eine Laden hatte schon zu und in dem anderen habe ich Hausverbot – SORRY. Soll ich Pommes mitbringen?

19:23
Aber bis Freitag hab ich noch Stress, muss morgen den Kurs leiten für ca. 200 junge Studenten und hab noch nicht mal mein Powerpoint fertig!

19:25
Oh je, und jetzt? :-D

19:29
Das wird schon, zieh ich halt was Engeres an :-D

19:24

1. Du wolltest dich doch melden? 2. Hallo?

19:53

Du hast die alte Nummer von diesem Alexander! Das hab ich aber auch schon letzte Nacht gesagt, wo du zu einer unmöglichen Zeit angerufen und meine Tochter geweckt hast. Ich habe diese Nummer schon seit zwei Jahren!

19:25

Ich will aber wieder sportlich sein und SUPER DASS DER BUS GERADE SO FÄHRT, DASS MAN SPÜRT, WO ÜBERALL WABBEL IST?! Und scheiße, ich bin im falschen Bus!

19:25

Bitte schreib mir nicht mehr!!!

19:28

So oft du willst!!!

19:26

Zitat Papa beim Mittagessen: „Benutzte Kondome wirft man übrigens nicht in die Dreckwäsche, die kann man nicht zweimal benutzen." Aha, da war's also :-D

19:29

Nun gut, nun zu den ernsten Dingen des Lebens … Was mach ich heute Abend mit meinen Haaren??

19:30

Hi M., kannst du mich ins Kino fahren?

19:35

Alles klar, aber du musst deinen eigenen Fahrradhelm mitbringen.

19:31

Kommst du dann morgen um 21:00 Uhr zu mir?

19:34

Ja, aber nur, wenn der Fernseher um zehn ausgemacht wird und du danach noch mindestens 'ne halbe Stunde wach bist.

19:31

Ich muss immer noch ständig an unsere Nacht denken :-)

19:57

F. hatte Recht, als er sagte, dass man es 'ner Frau nie gut machen darf, sonst wird man sie nicht mehr los … Ich wollt's ja nicht glauben!

19:34
Hab grad 'n Mädel in der Sauna kennengelernt. Das ist irgendwie strange, weil man sich die ganze Zeit denkt: Wie die wohl angezogen aussieht?

19:37
Hier geht ein Kerl freiwillig mit mir in „Sex and the City 2" ... Ist er schwul oder will er was von mir?

19:43
Ich verwette einen Kasten Bier drauf, dass er schwul ist.

23:37
Wann darf ich dir meinen neuen Freund vorstellen und den Kasten abholen? :-)

19:37
Wie versprochen, die Erinnerungs-SMS: Vergiss heute nicht zu wichsen, sonst bist du morgen wieder so nervig.

19:42
Stecke gerade mit 10 Leuten im Fahrstuhl fest! Aber sie sind alle attraktiv!

19:42
Hey, wie geht's dir? Ich bin der von letztem Freitag.
19:45
Hä? Wo war ich da und wer bist du?!
19:48
Ich weiß nicht, wo wir waren, aber ich hab grad deine Nummer in meiner Boxershorts gefunden.

19:44
Hat eigentlich jemand an T. gedacht?
19:50
Du.

19:48
Fi(lm gu)cken?

19:50
Ist dein Kollege heiß?
19:52
Ich finde nicht.
19:55
Gut. Dann muss ich mich ja nicht schminken ;-) Bis gleich!

19:54

Huhu, sag mal, wann holt ihr mich ab? Ich steh hier so nuttig am Ampelmast und wurde schon angehupt und gefragt, wie viel ich koste …

19:56

Ich bin der kleinste Rummelplatz der Welt. Meine Stimmung fährt Achterbahn, meine Gefühle Karussell, mein Hirn steckt in der Geisterbahn fest, mein Herz foltert die Hüpfburg, mein Schwanz steht mit fettem Grinsen an der Schießbude und fragt, ob er nochmal darf, und alles weitere entscheidet sich an der Losbude. Super!

20:00

Ist alles okay bei dir?

20:05

Ja, Mama.

20:07

Woher weiß ich, dass du schreibst und nicht der Kidnapper?

20:00
Vögeln kannste mich, aber dich ordentlich von mir verabschieden, wenn ich auswandere, nicht???

20:03
Sag mal, hab ich dir erzählt, dass ich mal was mit A. hatte?

20:05
Nee, haste nicht gesagt, aber geil! Wann denn?

20:06
Gut, wenn ich das nicht gesagt hab, dann hatte ich auch nix mit der :-) Hab sowas geträumt, kam mir so bekannt vor.

20:03
Zeit, was zu machen morgen? Ach, mir eigentlich egal, wenn du nicht kannst, dann entführ ich dich einfach! :-)

20:09
Wenn du mich entführst, musst du mich auch fesseln und so, dann spielen wir Spielchen! :-)

20:16
Bitte leiten Sie das Blut wieder in Ihren Kopf, ich danke herzlichst . . .

20:03
Wir haben zu viel zu essen, du musst doch noch kommen. Und bring noch ein Kilo Käse mit. Und 'n Baguette.

20:04
Sag Bescheid, bevor du anrufst. Hab mein Handy lautlos.

20:05
Hey Mama, wollte nur Bescheid sagen, dass wir doch noch auf das Straßenfest kommen, auf dem ihr auch gerade seid. Vielleicht sehen wir uns ja da.

20:12
Alles klar, wenn wir dich sehen, tun wir so, als ob wir dich nicht kennen. Hdl

20:05
Ich mach heute nichts. Hab meine Haare noch nicht gekämmt & werde das auch nicht mehr schaffen.

20:06
Hallo M., kannst du A. bitte sagen, sie soll mich schnell zurückrufen? Gruß, A.'s Mom.

20:13
Wir haben gerade Sex, sie ruft so gegen 22:00 mal an.

20:10
Hey Prinzessin, um 8 schaff ich nicht, sehen wir uns um 9?

20:33
Och nö, dann guckt die Prinzessin lieber „Bauer sucht Frau".

20:10
Hoffe, ihr seid nicht so aufgebrezelt, ich hab NIX zum Anziehen.

20:11
Nee, wir gehn alle nackt.

20:15
Dann bin ich völlig overdressed, hab 'n Schlüppi (sauber) und Socken (heile) an.

20:12

Also, wenn ich jetzt noch sehr lange warten muss, bis du endlich kommst, dann …

20:39

Dann musst du noch sehr lange warten.

20:16

Weißt du, wie langweilig mir ist? Ich habe mich gerade darüber gefreut, dass mein Fuß eingeschlafen ist. Dann hatte ich nämlich was zu tun – ich musste ihn bewegen!

20:19

Sag mal 'n gutes und billiges Auto?!

20:25

Bobby Car :-)

20:21

Hab mir grad ein iPad gekauft, neidisch?

21:00

Hab gerade mit Ina geschlafen, neidisch?

21:10

O.k., 1:0 für dich.

20:23
Hi J., tut mir leid. Ich kann nicht mitkommen. Bin gerade die Treppe runtergefallen und jetzt tut mein Bein ganz doll weh. Ich glaub, ich bleibe lieber im Bett liegen.

20:28
Ey, Määädchen. Wenn du keine Lust hast mitzukommen, dann sag das doch einfach. Ich heiße nämlich nicht J. und du hast mir gerade schon mit der Begründung abgesagt, dass dein Hamster gestorben ist.

20:25
Stelle dir eine dümmlich grinsende Schnecke vor, die lustig ihre Fühler schwingt und laut „juhu“ ruft – das erklärt in etwa meinen Zustand.

20:30
War heute in Münster shoppen …

23:30
Schön, freu mich, dich endlich mal wieder angezogen zu sehen!

20:31
Mir ist dauernd schlecht. Gibt’s sowas wie Selbstbefruchtung?

20:41
Hey, wo bist du? Ich warte.
21:14
Ich muss noch … äh … Dingens suchen ;-)
21:16
Dein Gehirn?

20:47
Kommst du Bier trinken?
20:51
Hä? Ich dachte, du hast 'n Date?!?
21:00
Ihre beste Freundin kam rein „zufällig" vorbei – ja klar … und sie hockt nun mit am Tisch und labert an einem Stück, und da dachte ich an dich, meinen besten Kumpel: Hast du Bock, mit mir hier zu saufen?

20:47
Ich bin so verzweifelt, dass ich meine Kippe im Toaster angemacht hab.
21:00
Du MacGyver!

20:49
He wo deine hose sucht dich

20:55
Ist das ein Spiel, wo man die Buchstaben vertauschen muss?

20:57
Ne nochmal mit komma. He wo? Deine hose sucht dich! Ok war ? kein komma

20:56
Ich komm so 10 Minuten zu spät wegen der Zeit-Raum-Krümmung. LG, A.

20:58
Hier, wenn Elefanten Mikrowellen sind, was sind dann Krokodile??

21:02
Aaaah, es ist nach acht und du bist schon wieder high. Halt dich von den Pfützen fern!

21:34
Ich hab mir da ernsthaft Gedanken drüber gemacht … Krokodile sind Herdplatten – flacher und gefährlicher.

21:00
Heyhey, ich hab dich hier unter „??“ gespeichert und würde gern das Rätsel lösen :-)

21:00
Wenn heute nicht Sonntag wäre, würde ich nochmal schnell zum Rewe und Bier holen.

21:02
Es ist Samstag! ;-)

21:03
Hey, wie war dein Tag? Hoffe, der Frisör hat deine Haare gut gemacht, aber einen schönen Menschen kann ja bekanntlich nichts entstellen ;-) Was machst du heute Abend noch Schönes?

21:06
Also wenn ich deine ganzen Aussagen zusammenfasse … du willst doch nur ficken!

21:07
Auf Arte wurde grad ein Vogel geföhnt :-)

21:09
Hallo mein Schatz, habe gerade deinen Müll geleert, und als mir dann ein gebrauchtes Kondom entgegengeflogen ist, habe ich beschlossen, dass du das in Zukunft selber machen wirst. Bussi, Mama

21:10
Waren grad bei meiner Cousine in Graz. Eine echt geile Freundin von ihr war da UND MEINE MUTTER MUSS IHR GLEICH VON MEINER FREUNDIN ERZÄHLEN!

21:10
Hey, ich liege gerade in der Badewanne und trinke ein alkoholfreies Bier! Bitte ruf einen Exorzisten!!!

21:12
C. ist betrunken und seit 5 Minuten Single.

21:16
Alter ich komme noch vorbei!

22:00
Zu spät ;-)

21:13
Hi Schatz, gehen jetzt in die Disco, in der letztes Mal JEDER eine abbekommen hat, wünsch mir Glück. Ich melde mich morgen bei dir!

21:14

Dann hör einfach auf dein Herz :-)

21:15

Musik ist zu laut!

21:16

Hilfe! Meine Haare spielen Französische Revolution und ich komm mit dem Glätteisen einfach nicht dagegen an!

21:22

Haha, Süße, sieh zu, dass du nicht geköpft wirst.

21:17

Scheiße, mein Schlüpper sitzt voll schief und der Typ ist so langweilig, dass ich überlege, mir einfach mal in die Hose zu greifen. Vielleicht wird er dann mal ein bisschen lockerer. Schlimmer kann es kaum noch werden.

21:20

Ruf mal bitte an!

21:22

Du steigst doch auch nicht mit mir in die Kiste, wenn ich dich drum bitte …

21:21
Es ist vorbei. Außer noch 1x rummachen. Teil es dir gut ein.

21:21
Ich sitz grade im Bus und hab grade gelernt, wie ich meine Nasenflügel bewegen kann. Ist das nicht unglaublich? Nach 20 Jahren.

21:21
Sogar mein Vater meint, dass die Schuhe toll sind! (Ok, das mag auch daran gelegen haben, dass ich mich vor den Fernseher gestellt habe, als Fußball lief …)

21:24
Fazit des Tages: Von meiner Diät bekomme ich Blähungen. K. ist irgendwie nicht begeistert …

21:24
Wahrscheinlich treibt ihr's grad! Ich kann's nicht fassen, dass du mich wegen dem Typen verlassen hast!

22:29
Ja und sogar mit den Kondomen, die du damals bezahlt hast ;-)

21:30
Ich glaub, hier teilen sich ein paar Kollegen ein Gehirn.

21:30
Ja, mit meine Abileute, wird bestimmt richtig gut!

21:35
Mit deine Abileute, ah ja.

21:36
Ja, ab und zu vergess ich schon mal 'nen Buchstaben du otze!

21:32
kuckmalwasichallesschonmitdemneuenhandykann!

21:32
Geil! Mein Ork-Zeug ist angekommen, ich ejakuliere!

21:33
Er hat mir vielleicht meinen Schlaf und meinen Appetit geraubt, aber ich habe immer noch meine Würde! Ich bin sowas von über ihn hinweg! So ein Arschloch hab ich echt nicht nötig!

21:41
Gute Einstellung! Lass dich nicht unterkriegen, Süße. Du hast was Besseres verdient. Und wie ich sehe, bist du auf dem Weg der Besserung ;-)

23:52
Okay, meine Würde habe ich jetzt auch nicht mehr. Sitze heulend vor seiner Haustür, er lässt mich nicht rein. Kannst du mich abholen?

21:33
Bin in 5 min da! Wenn ich dann noch nicht da bin, lies die SMS nochmal!

21:34
Technooooooooooooooooooooooo, Drooooooooooooooooooooooooo-gennnnnnnnnnnnn und Eksta-seeeeeeeeeeeeee

21:45
Dehydrierung, Hunger und das Subjekt in seiner Orientierungslosigkeit in der Moder-neeeeeeeeeeeeeeee

21:39
Grade in einer Rechts-vor-links-Situation mit 'ner Kiste Stubbi im Fahrradanhänger und 'nem offenen Bier in der Hand der Polizei die Vorfahrt geklaut. Mal ganz davon zu schweigen, dass unsere Ampel rot war, wir zu zweit waren und jeder schon 7 Bier intus haben. Hat die Jungs nicht interessiert, haben angehalten und uns vorbeigelassen und uns danach kommentarlos überholt. Ich find NRW super ...

21:39
Das ist meine neue Nummer!

21:40
Darf ich mir den Namen dazu selbst aus-denken?

21:40
Was geht?
22:47
Muss Kartoffeln zu meiner Oma bringen … in einem Korb … wie Rotkäppchen … und gefrorene Würstchen.

21:44
Ich glaub, ich hab Lust auf Sex.
21:46
tote kätzchen, tote kätzchen, tote kätzchen

21:46
Mein Auto hat Schlagseite! Suche Gegengewicht bis ca. 65 kg!

21:46
Also ich würde ihn nicht von der Bettkante schubsen, wenn er in meinem Bett läge!
21:51
Wenn's nach dir ginge, wäre das Bett mit 'nem Gitter umzäunt, damit er auch ja nicht abhauen kann! XD

21:46

Ich sitze neben einer nach Fritteuse riechenden, 2 m breiten Frau, die unaufgefordert meine Sudokus miträt :-)

21:47

Bin total ausgeglichen. Wirklich. Ich mach mir jetzt einen Tee, lege die Beine hoch und dann HAU ICH ALLES KAPUTT HIER, VERDAMMTE SCHEISSE!

21:52

Und wie ist es so in der Hauptstadt, geht's dir noch gut? Falls du betrunken bist, drücke 4 Tasten deiner Wahl.

22:01

apmg

21:53

Hab grad 5 Euro verdient, hab 'ne Motte gegessen.

21:53

Anzug mal leuchten. Kneipe oder agent. Morgen wieder heulen. Mieten durch bücher. Meister weinte! Kein jörg hinsehn. Johann mein tibet! Darunter kräftige messung von carola. Oskar nimmt tagsüber organe. Bildung liegt betrunken. Outlook kein ausweg. Machten glatt peter hilflos.mimik legt objekt auf die galaxie.

23:02

Alter, bist du breit oder so?

10:24

Nein, da war so ein Mädel, rattenscharf war die! Ich hab so getan, als würd ich 'ne SMS schreiben, um sie nicht die ganze Zeit anzugaffen. Hat trotzdem funktioniert. Komme grad aus ihrer Wohnung :)

21:55

Schon mal 'nen Typen ausgezogen und festgestellt, dass er die gleiche Unterwäsche trägt wie du?

21:58

Hilfe! S. schläft völlig fertig auf meinem Schoß. Mein Arsch tut weh und ich kann mich nicht bewegen!!!

21:59

Oh mein Gott! Beweg dich nicht! Ich sende das Batman-Zeichen!

22:00

Kennst du eine Lara aus Laar (Steinfurt)?

22:03

Nee, aber ich kenne eine Lass aus Mich (in Ruhe).

II 22:01 bis 23:22 Uhr

Planänderung, wir haben jetzt doch keinen Plan

22:01
Guck mir morgen 'ne WG an, die sich am Telefon mit „nackig und versaut“ gemeldet hat! Überleg grad, was ich morgen an- bzw. ausziehen sollte.

22:01
Brauchen deinen Staubsauger doch nicht. Haben den alten repariert bzw. mal den Beutel gewechselt.

22:03
ES GIBT KEINE MÄNNER MEHR AUF DER WELT! MEIN FREUND GLÄTTET SICH GERADE DIE HAARE! HILFEEEEEE!

22:04
Hey, hör mal auf hinter der Theke rumzutanzen und mach uns mal 2 Mojito, 'nen Sex on the Beach und 'nen Jacky Coke! Und wenn du grad dabei bist, mach mal Barbra Streisand an :-D

22:10
Ey, ihr seid die faulsten Gäste, die's gibt!

22:04
Habe letztens mit dem Kontext gesprochen. Er war voll traurig, weil er nie in unseren SMS-Gesprächen vorhanden ist. Meinst du, wir sollten ihm 'ne Chance geben?
22:06
Salatsoße.

22:05
Abfuuuuhr!!
22:06
Abfuhr?
22:10
D. hat gesagt, dass er mich nicht liebt ...
Aber sich entschuldigt :-) Voll süß :-D

22:06
Ich schmeiß grad Futter in die Pfanne und hoff auf ein Wunder :-) Willst mitessen?
22:09
Muss ich Krankenkassenkarte mitnehmen?
23:01
Wäre ratsam :-D

22:07
Kommen gleich, sind im Männerklo. Können aber nicht raus, weil überall Männer sind.

22:07
Ähm. Laut Flugplan GIBT es keinen Flug von München nach Baden-Baden. Du kannst also auch keinen verpasst haben! Lügner!

22:16
Bist du mal auf die Idee gekommen, dass es Leute gibt, die Learjet fliegen?

22:17
Hahahaha, willst du mich jetzt komplett verarschen?! Dein eigenes Flugzeug fliegt ohne dich los??? ;-D

22:08
Ich denke, dass die von uns beiden ausgeführte oder auszuführende Beziehung, aufgrund von beidseitiger Einverständniserklärung primär von mir ausgeführte, zu beenden ist. Da ich ja nur über einen minimalen Wortschatz verfüge, noch mal für dich – It's over and I am out.

22:09
Hey, danke nochmal für deine Hilfe gestern. Wüsste echt nicht, was ich ohne dich getan hätte!

22:12
Klar, kein Ding! Helfe immer gerne. Eine Frage habe ich allerdings: Wer bist du und wobei hab ich dir geholfen???

22:10
Da ich müde bin, aber der Erste sein will, der dir gratuliert, ist das deine Geburtstags-SMS. Also entweder du liest die um 12 Uhr oder hast das Jahr über Pech.

22:12
Ich les sie später.

22:13
Gute Wahl.

22:10
Kennst du 'nen guten Exorzisten für Frühlingsgefühle?

22:10
Liebes Schicksal, tu mir die Nummer mit dem Verliebtsein und dann wird sich seinerseits als schwul geoutet nicht nochmal an. Wäre lieb, denn der Witz war schon beim ersten Mal nicht lustig. Richte es bitte auch meiner Seele und meinem Hirn aus, auch wenn das ja bekanntlich seit eineinhalb Jahren auf Malle Sangria aus Eimern säuft. Mfg, Ich

22:10
Ich durfte beim Scrabble nicht „Bumsi“ legen. Wie gemein.

22:11
Pff. „Bumsi“ ist ja wohl sowas von Hochdeutsch. Diese Frevler!

22:12
Achtung Knaller. Statt Namen für Friseure wie Haarlekin usw. jetzt Namen für Blumengeschäfte, Nummer 3: Die Twin Flowers, Nummer 2: Blumingdales, und Platz eins ganz cool: Die Blumengroup

22:12
Ach übrigens, der Schaffner hat vorhin„Bitte zeigen Sie mir Ihr TICKET“ und nicht „Bitte zeigen Sie mir Ihre Titten“ gesagt.

22:12
Bei mir schneit's grad richtig arg, hört sich an wie Regen, so viel schneit's.
22:14
ICH WERD VERRÜCKT, ES IST REGEN!

22:12
Meine Lerngruppe hat sich eben in eine Sauftruppe verwandelt :-)

22:12
C., du musst ganz dringend kommen, etwas Schreckliches ist passiert!
22:30
Wieso geht keiner von euch ans Telefon? Was ist passiert? Ich bin unterwegs zu dir! Mache mir Sorgen! Bitte meldet euch!
22:35
Sehr gut! Wir dachten, wenn wir schreiben „Komm vorbei Party machen“ würdest du eh wieder nicht kommen ;-)

22:12
Papa, hast du Eier zu Hause, die ich mir holen kann?! Ich will Eierkuchen backen.

22:17
Kannste. Aber LASS MEINEN SCHNAPS IN RUHE!

22:13
Eigentlich wollte ich heute Abend nichts trinken, aber für das Geld kann ich nicht nur Cola saufen.

22:14
Ich versuche gerade vergeblich, mein Handy und mein Ladegerät zur Paarung zu bewegen, damit sie viele kleine Ladebalken zeugen.

22:18
Mhm … vielleicht mögen sie ja nicht, wenn jemand zusieht?

22:14

Alter! Ich komm mir vor wie so ’n Penner! Sitz hier mit der Flasche auf der Bank und es ist langweilig! Ich werde dir in den folgenden 25 Minuten einen Einblick in das Leben eines temporären Penners mit Hochschulreife gewähren. Die korrekte Interpunktion werde ich dafür teilweise aus Faulheitsgründen aussetzen

22:23

Die eingetretenen Vergiftungserscheinungen und die Tatsache, dass ich hier nahezu bewegungslos verharre veranlassen mich dazu, dir eine weitere Kurznachricht in Form von schwingenden Protonen zu schicken. Auch wenn diese Nachricht keinerlei Inhalt vermittelt, hat sie dennoch zu meiner Belustigung beigetragen.

22:18

Hi, hat Fußball Spaß gemacht? Ich hoffe, ihr habt gewonnen. Ach, Nudeln ham wir nicht mehr, wär also ganz geil, wenn du noch einkaufen gehn würdest und mich bitte auf dem Rückweg von der Polizeiwache abholst. :-*
PS: Soße brauchen wir auch noch.

22:22
Ich hab keinen Plan, was ich machen soll, ohne Witz. Ey, versetz dich mal in meine Lage, ich war noch nie in meinem Leben verliebt, noch nie!! Aber sobald ich in deiner Gegenwart bin, fühle ich mich so klein & bin schüchtern. Ich wusste immer, was ich wollte und wer ich bin. Du fickst mir den Kopf. Ich hab keinen Plan.

22:23
Ich habe gestern jemanden kennengelernt. Total süß, aber erst 22 Jahre alt :-)

22:31
22? Dann lass deine alten Glocken mal läuten :-) Den kriegst du schon rum!

22:23
Oh – er hat mir eine Fackel an die Straße gestellt, damit ich sein Haus finde – romantisch!

22:26
Echt? Hätte ich ihm gar nicht zugetraut!

22:27
Genaugenommen war's meine Idee, trotzdem romantisch ...

22:24
Versteck die Stripper, Mutti. Deine Tochter ist auf dem Nachhauseweg :-D

22:25
Theorie: Nur Männer, die schlecht im Bett sind, wollen Beziehungen. Dadurch werden die Frauen so verzweifelt, dass sie auf Arschlöcher stehn. Die verarschen sie dann wieder nur, also landen wir immer bei denen, die schlecht im Bett sind.

22:26
(Männlicher Absender) Merke: Nach dem Beine-Epilieren nicht gleich duschen gehen und nachrasieren wollen! Schmerzhaft!!!

22:38
Alter, was 'n bei dir kaputt!?

22:39
Oh … SMS war nicht an dich.

22:27
Schatz! Wo bist du!?

22:34
Moment, ich bin bei meinem Ex-Freund, der weint gerade …

22:27
Seid gegrüßt, liebe Pornofreunde, hier spricht Captain Hammerman, um 11:30 Uhr werde ich mein Traumschiff in eurem Hafen ankern. Also putzt die Planken und holt den Rum raus.

23:20
Aufgrund von meuternden Besatzungsmitgliedern wird Captain Hammerman erst um 12 oder 12:30 Uhr eintreffen.

22:30
Bier?

22:31
Bier!

22:31
Stimmt. Bier ist nicht die Frage, Bier ist die Antwort!

22:30
Wie ist die Party? Soll ich noch vorbeikommen? Wer ist denn so da?

11:44
besser nicht, wer da war, kann ich dir sagen, wenn ich den polizeibericht gelesen hab

22:30
Weißt Du, wo nun der Eiskratzer nach Euren Spielchen auf der Rückbank ist?
22:35
Darauf hab ich nun wirklich nicht geachtet in dem Moment!

22:30
Hey mein Schatz, musste grad daran denken, wie wir uns kennengelernt haben ...
22:35
Hey, jo, musste ich auch. Manchmal ist man halt zur falschen Zeit am falschen Ort.

22:30
Er will nicht auflegen :-(
22:32
DAS Problem kenn ich ... aber nur von meiner Oma :-D

22:31
Sag ma' an, was du im Mathe-Abi hattest, geht um 'ne Wette!
22:38
Ich hatte mal was mit meiner Sportlehrerin.
22:41
Leistungskurs?

22:32
Und wie findest du meinen neuen Freund?

22:33
Süße, es ist dein Freund, und wenn er witzig, klug, humorvoll, kinderlieb, reich und völlig pflegeleicht ist, dann freu ich mich für dich.

22:40
Das heißt, du magst ihn nicht …

22:41
Nein.

22:38
Ich möchte nur noch mal betonen, dass die Wohnung hellhörig ist. Beweis: Ich hör gleich deinen SMS-Ton. Egal was ihr macht, macht es leiser. Deine kleine Schwester mit den guten Ohren.

22:40
Wir kitzeln.

22:39
30 € Geschenk, 8 € Fahrkarte, 1 € Kondom … Du bist echt 'ne teure Freundin!

22:40
Wir sind im Auto 180 km/h!

22:41
Ich lieg im Bett 0 km/h.

22:42
Der Plan ist gar nicht mehr so komisch, wenn man bedenkt, wie arg wir Eichhörnchen mögen …

22:43
Fuck, hab mir grad derbe in den Finger geschnitten, dann Zwiebelsaft voll innen Schnitt rein und beim Ausspülen noch verdammt heißes Wasser drüber!

22:49
Hättest dir noch mit 'nem Hammer draufhaun können.

22:51
… ist mir auf die Schnelle nicht eingefallen.

22:44
HILFE! War grad in der 3er Frauen-WG. 2 von den 3 Frauen sind ziemlich geil. Was soll ich bloß tun??? Ich hab gehofft, sie wären hässlich!!!

22:44

Tjaja, wo die Sonne der Ästhetik niedrig steht, wirft auch der Bucklige lange Schatten :-D

23:05

So bucklig is die gar nich!

22:44

Weißt du eigentlich, was unsere Mütter treiben?

22:47

Frauenabend ... Über alte Zeiten reden und so, oder?

23:14

Saufen tun sie! SAUFEN! PS: Sie sind jetzt auf dem Weg in dieselbe Disco wie du :-)

22:45

Ich will auch dreimal am Tag Sex. Aber ich will nicht nur Sex, ich will auch Leidenschaft und Gefühle und Emotionen.

22:48

Häh? Drehst du jetzt völlig durch? Ich bleibe mit dir zusammen, Mann!

22:51

Darf ich mitreden, oder ... ?!

22:50
Planänderung: Wir haben jetzt doch keinen Plan. Sag einfach nachher, was du machst …

22:53
K. nervt. Wir glotzen Titanic und knabbern Salzstangen. Kommst du rüber?

22:56
Danke, nein. Die süße Rothaarige, bei der du damals gemeint hast, die sei anstrengend und zu klug, meine neue Freundin, brät mir grad im Sommerkleid ein Steak. Sie hat Kartoffelsalat gemacht und Bier eisgekühlt, es läuft Fußball – die lass ich nie mehr weg. Ich LIEBE mein Leben. Schönen Abend noch!

22:56
Alta hilf mir!! Ich lieg hier oben ohne auf dem Tisch und werd von so 'nem komischen Typen mit Wodka-O überschüttet.

22:59
Was geht denn bitte auf dem Geburtstag deiner Oma ab?

22:56

Ich hab ihn gefragt, ob wir uns treffen, uns betrinken und vögeln. Er antwortet nicht. Schlechtes Zeichen?

22:58

Oh, das meintest du mit schlechte Idee.

22:56

Eine Ratte ist eben an mir vorbeigelaufen, ich musste an dich denken.

22:56

Hallo, bist du noch unterwegs? Schickst du mir 'ne SMS, wenn du zu Hause bist?

23:03

Ich bin grad mit P. am Saufen. Kann ich dir nachher auch einfach ein paar Buchstaben schicken?

22:57

Herzblatt, ich mach mir Sorgen! Du hast das ganze Wochenende nicht einmal angerufen. Das war abgemacht! Melde dich mal. Kuss Mama

23:04

na

22:58
Abends war dort was da war ab dort und Morgens. Also war meine Frage dann wohl berechtigt. Kannst es bestimmt eh nicht verstehen.

23:00
Dann werf sie doch einfach raus, oder frag sie, ob sie noch was braucht? Mantel, Taxi, oder so!?

23:06
Ja oder einfach, dass sie gehen muss, weil das Bett noch auskühlen muss, bevor die Nächste kommt.

23:01
So, ich hab dich jetzt inkognito erwischt!!! Bin dir nachgefahren und hab gesehen wie du diesen hässlichen Kerl schon an der Türe heftigst umarmt hast!!! Ich wusste es die ganze Zeit!!! Und ich dachte, du wärst meine Traumfrau.

23:03
Okay, 1. Ich glaube das, was du meintest, nennt sich in flagranti 2. Der „hässliche" Kerl, den ich umarmt habe, ist mein Bruder und 3. sagen alle, dass er und ich uns sehr ähnlich sehen! Und nun hör auf rumzuflamen, komm hoch und trink erst mal ein kaltes Bier.

23:01
Hilfe! Bin gerade eine Stunde von meinem Nachbarn zugetextet worden. Ein Irrer!

23:03
Worum ging es denn im Wesentlichen?

23:05
Um Gott und den Kauf von Philippinas!

23:03
Wie geil ist das denn? Ich sitz hier mit der, die du anmachen wollest, und sie trinkt was!

23:04
K., die Wände sind hier sehr dünn, also wir können alles hören, was du auf'm Klo machst, nur mal als Tipp so. Viel Spaß noch :-D

23:04
Hab den Alk aus'm Fenster gekippt in der Hoffnung, die Zicken hören auf zu streiten. War 'ne Fehlentscheidung, jetzt prügeln sie sich gleich. Kannst du vorbeikommen und neuen mitbringen?

23:06
FILM ES! Bin in 15 min da.

23:05
Sind jetzt in der Disse ... Bin immer noch nicht blau! Und das nach 3 Stunden Vorglühen! Warum?
23:08
Nehme alles zurück! A. ist hier und ich habe sie umarmt! Bin auf jeden Fall schon blau! Yiihah!!!

23:05
Er wollte kuscheln und ich wollte lieber Fußball schauen ... Irgendwas stimmt bei uns nicht!

23:06
disco, süßer typ, rumgeknutscht ohne ende, bin voll. Nächstes mal kommst mit :-D
23:11
Falsche nummer Süße, ich bin der, mit dem du geknutscht hast :-) Wo bist du grade, noch ne Runde???

23:07
Taxifahrer hat mir grade Fahrgeld erlassen und 5 € geschenkt, weil ich versprochen hab, seinen Sohn mal anzurufen.

23:08

Süße, komm vorbei ... ich will dich wiedersehen! :-)

23:11

Also 1. Willst du mich nicht sehen, sondern mich flachlegen 2. Kennen wir uns nicht, wenn du was mit deinen Freunden machen willst 3. Meldest du dich auch nur, wenn du voll bist, du Idiot ... Aber da ich genau so zu dir bin und ich dich auch „sehen möchte", werde ich so gegen 23:40 bei dir sein.

23:14

Du bist mein Mädchen :-D bis dann!

23:08

Hallo Schatz, nee heute nicht. Ich verwöhne meinen Kater!

23:10

Mann, mit dem würde ich gern tauschen!

23:15

Glaub ich dir nicht, denn der Tierarzt hat ihm heute seine Männlichkeit geraubt :-)

23:09

Habe gerade seine Eltern beim Sex erwischt. Mittendrin. Gehe jetzt sterben. Soll ich jemandem was mitbringen?

23:10
Waren grad im Kino und haben die eine Reihe vor uns mit Popcorn beworfen. Die eine fängt eins, nimmt's innen Mund, dreht sich um und spuckt's M. voll anne Stirn. Irgendwie hat die uns Angst gemacht.

23:15
Das kommt davon, wenn ihr euch wie kleine Kinder benehmen müsst!

23:11
Ich denke gerade an meinen Ex ...

23:11
Ich auch :-D

23:13
Ich wusste gar nicht, dass du schwul bist.

23:14
Ich auch nicht.

23:12
Du bist wie der Bruder, den ich nie hatte – Danke.

23:14
Und du bist wie die Schwester, die ich nie wollte ;-)

23:12
Ist es krank, wenn man sich abends beim Einschlafen schon übelst auf den nächsten Morgen freut, weil man dann wieder was essen kann?

23:12
bin so besoffen schatz, musste mich sogar übergeben :-(keine sorge wegen der pille – die hab ich heut eh vergessen.

23:13
Willste mich verarschen???

23:25
du warst noch nie so schnell im zurückschreiben :D

23:14
Sag mir was Versautes.

0:20
Dein Lebenslauf.

23:14
Das Leben ist wie eine Pfütze. Manchmal bist du glücklich, wenn du reintrittst, und manchmal eben nicht.

23:14
Ok Alter, wir sind da. Warten an der Bar. Bis gleich!

23:19
Hm, hab grad geguckt und euch nicht gefunden ... Sicher, dass ihr im richtigen Laden seid? ;-)

23:22
Der richtige Laden? Alter, T. ist gefahren. Wir sind nicht mal sicher, ob wir in der richtigen Stadt sind!

23:15
Finde ich voll scheiße, dass du dich gar nicht bei mir meldest ...

23:25
Ich kann nicht, bin wieder mit meiner Exfreundin zusammen.

23:27
Und sie hat dir beide Daumen amputiert, oder was?!?!

23:15
Ich hätte gerne zwei Cheeseburger zu mir nach Hause, ziemlich direkt :-) Danke

23:16
Und ich hätte gerne 'nen SMS-Filter, der behinderte SMS rausfiltert. Ziemlich für immer. Danke.

23:17
Ey Alter, ich kann meine Augen nicht mehr sehen!!!

23:17
Ich habe mir 'nen BH gekauft, mit dem ich glatt wieder als Jungfrau durchgehen würde! Musste mal gesagt werden!

23:20
Unser Backofen hat gerade die chemische Summenformel meiner Pizza vereinfacht. Jetzt besteht sie nur noch aus Kohlenstoff.

23:22
Mir doch egal, was du machst! Dann lad mich auch nicht mehr einfach so ein ... hab da keinen Bock auf so 'n Scheiß! Dann fick ich eben weiter Punlt

23:23
Oha. Und wer ist Punlt?

23:24
Das sollte Punkt heißen!

III 23:23 bis 0:45 Uhr

Martin passt nicht durchs Fenster

23:23

Huhu Schatz, bin jetzt bei G. in der Kneipe. Mal gucken, wer zuerst betrunken ist ;-)

23:31

Gewomem!

23:24

Der Kofferraum ist sauungemütlich und es wackelt tierisch! Wann sind wir endlich da?

23:26

Bisschen musst du noch aushalten ... Und verhalt dich ruhig da hinten, die Cops fahren direkt hinter uns.

23:25

Ich kann diese Frage nur falsch beantworten. Wenn ich ja sag, heißt das, ich steh auf dich, und wenn ich nein sag, Moment mal ... Okay, ich sag nein :-)

23:25

Weiß F. eigentlich, wie ich über ihn denke?

23:28

Um zu wissen, ob er weiß, wie du über ihn denkst, muss ich zuerst wissen, wie du über ihn denkst, um dir dann sagen zu können, ob er weiß, wie du über ihn denkst.

23:26

Du, ich hab grad jemanden gesehen, der sah aus wie du, nur ca. 20 cm größer. Und war betrunken, daraus schloss ich, dass du das nicht bist. Die wollte mit mir tanzen, aber ich wollte nicht, weil ich dachte, dass du das wärst, und das kam mir dann komisch vor. Was ich damit sagen will: Ich hab dich lieb.

23:28

Bevor du mich umbringst, weil ich deinen ganzen Sekt geleert habe, denk bitte daran: Ich bin deine einzige Tochter!

23:32

Bevor du das nächste Mal meinen ganzen Sekt leerst, denk bitte daran: Man kann Kinder auch adoptieren!

23:28

Also, hast du jetzt Schluss gemacht?

23:30

Nee, du?

23:30
Ich glaub, dass Bettspiele für dich besser geeignet sind, da kapierste wenigstens die Regeln.
23:31
Du meintest jetzt aber Brettspiele.
23:34
Nein.

23:30
Samma wer's 'n der Typ neben mir? Der kennt meinen Namen und holt mir Bier ...
23:38
Werner oder Walter – was mit W. Ham' wir seit 3 Kneipen im Gefolge.

23:30
Mein Bett ist so leer :-(
23:35
Dann leg dich doch rein :-D

23:31
Und das nach über einem Jahr!! Wo du mich doch angeblich sooo sehr geliebt hast ...
23:33
Ich habe Dich noch nie geliebt. Habe ich nie gesagt!!!

23:31
Hier, was für dich: Stell dir vor, wir wären beide Eier. Du hast die Hälfte von meinem Ei genommen, hast mir aber keine Hälfte von deinem gegeben und schnell eine Wand aus Gleichgültigkeit um dich herum aufgebaut. Wie würdest du dich fühlen, wenn du ich wärst, ein Ei, bei dem schon das Eigelb herausblutet?

23:32
Ich weiß, du bist sehr tolerant, wenn du betrunken auf Jagd gehst. Aber wenn du noch weiter mit der Hässlichen rummachst, dann film ich's und stells morgen online! Also lass den Scheiß!

11:23
Yo danke. Konnt's gestern nimmer lesen und wollte, dass sie vorliest. Dann ist sie gegangen :-D

23:33
Akuu leer, ich voll

23:36
Wer braucht Orgasmen, wenn er Dinge mit Käse überbacken kann?

23:37

Ich will jetzt schwimmen gehn und zwar nackt. Bist du dabei?

23:38

Du bist zu betrunken zum Schwimmen. Du würdest ertrinken und ich müsste dich dann aus'm Fluss ziehn. Ich weiß aber was Besseres, was wir nackt tun können.

23:45

Binich nchit! und wenn ich ersauf rettest du mich. Naja, egal. Vögeln ist acuh ok. ach ja, ich hab deiner ex irgendwas blödes erzählt und an dein auto gekotzt. liebe dich

23:37

Ätsch, ich hab ab heute 'ne SMS-Flatrate und dazu 'ne Blasenentzündung! Jetzt schreib ich dir jedes Mal, wenn ich auf's Klo gehe!

23:40

Alles klar bei dir? Wie ist's mit dem Typen?

23:58

Ja, super, bin betrunken. Welchem Typen? Hier sind so viele, kann mich nicht entscheiden. Sag 'ne Zahl zwischen 1 und 10.

0:01

7?

0:05

Ok, er ist blond.

23:40

Warum seh ich dich mitten in der Nacht, wenn ich bei einer roten Ampel steh, am Kino-Parkplatz gegenüber, wie einen Schwerverbrecher durch den Kofferraum ins Auto kriechen? Soweit man den Verrenkungsakt als Kriechen bezeichnen kann!

0:01

Türschlösser eingefroren! :-(

23:40

Hey, ähem, jemand reitet grad auf deiner Freundin die Straße entlang ...

23:40

Nicht laut sagen. Guck mal unauffällig in P.'s Schritt – sieht lang aus.

23:45

Mal abgesehen davon, dass wir uns schon ewig kennen: Würdest du mir deinen Namen sagen und deine Handynummer geben, wenn du mit mir rumgemacht hättest?

23:47

Mal abgesehen davon, dass du schon weißt, wie ich heiße, und meine Nummer auswendig kannst: Eigentlich schon.

23:45

Hallo, mir ist etwas Schlimmes eingefallen. Habe heute Essiggurken gekauft. Sie müssen mir im Kofferraum aus dem Korb gefallen sein. Sie werden gefrieren und das Glas zerreißt's. Alles wird stinken! Kannst du's bitte noch retten? Mama

23:48

Gehe jetzt zum Auto. Werde das Massaker verhindern! Das war die schönste SMS, die ich seit Langem bekommen hab!

23:45

Wo bist du?

23:49

Bin mit A. in seiner Gartenhütte.

23:52

Ich verabschiede mich schon mal von deiner Jungfräulichkeit :-)

23:45

Ich hab Nr. 192 und die Karte für meine Jacke ins Portemonnaie gesteckt. Wir wissen beide, dass ich das gleich nicht mehr weiß, deshalb diese SMS.

23:46

Bevor ich jetzt was Dummes mache: meinst aus uns wird was oder eher nicht? Bitte möglichst schnell antworten, die Welt dreht sich während deiner Nachdenkphase weiter. Ich geb dir 10 min.

23:54

Ok, Nachdenkphase frühzeitig zu Ende, ist ohnehin schon zu spät.

23:47

ICH

23:48

He, was?! Bist du voll? Ich war grad am Einschlafen – das kostet!

23:50

Mann ey ... ich wollt dir grad in 4 SMSen schreiben: „Ich hab dich lieb", weil ich es 'ne süße Idee fand ... aber du hast es natürlich versaut!

23:47

Wir müssen aufhören, uns immer scharf zu machen, bevor wir Tschüss sagen :-)

23:47
Hey!!! Ich hab die Kondome gefunden …
kommste nochmal her?

23:48
Date ist vorbei. War an sich perfekt und der Typ sieht bombe aus, aber der ist das übelste Schoßhündchen … Sein Highlight hier ist, dass Mutti für ihn kocht. Der ist bestimmt so ’n Typ, der sich von seiner Schnalle schlagen lässt und trotzdem den Fußboden küsst, auf dem sie läuft! Widerlich, kann ich nichts mit anfangen!

23:48
Ruf nochmal an, einmal auflegen reicht bei dir nicht … !

23:48
Nebenan: Cousine und deren Freund schlafen miteinander. Oben drüber: Eltern schlafen miteinander. Unten drunter: Onkel und Tante schlafen miteinander. Und bei mir: Freund hat Schluss gemacht :-(

23:48
Bin krank geworden. Komm her und küss mich gesund!
23:49
Wo denn?
23:51
Da vertrau ich dir ganz ohne Bedenken.
23:52
Das ist, als wenn der dicke Junge auf die Süßigkeiten aufpassen soll!

23:48
Ich bin schnell töten auf Toilette, kommt dahin.
23:51
Töten?
23:58
Bin unten auf Toilette! T9!

23:49
Wären Frauen nicht alle verschieden, wäre ich mit der Idee, die ich gerade hab, Milliardär :-(

23:50
Bin jetzt in 'ner Festhalle. Haben eben noch ein Fohlen bekommen ... Tut mir leid, dass ich erst jetzt antworte.
23:52
Ein Fohlen?
23:54
Ein Baby-Pferd!

23:51
Warum? Gestern hast du noch gesagt, du liebst mich!?
23:54
Das hab ich nur gesagt, weil ich deinen Namen nicht mehr aussprechen konnte.

23:54
Ach so, und danke für den Knutschfleck, jetzt weiß die ganze Uni, dass ich gestern Sex hatte!
0:01
Wenn's wenigstens Sex gewesen wäre.

23:54
Warum seh ich eigentlich immer geil aus, wenn niemand da ist?

23:54
Dann geh mal schön kacken! Sonst wird's doch wieder sooooo spät.

23:55
????? Häää ???

23:56
Noch nie war ein N so wichtig ...

23:55
Ich mach es mir dann mal auf deinem Sofa bequem. In dein Bett traue ich mich nicht, so wie das aussieht, werde ich da über Nacht noch ungewollt schwanger.

23:56
HAMMER! Alles läuft nach Plan. Jetzt habe ich nur das Problem, dass der Plan scheiße ist ...

23:56
Wo bist du? Martin passt nicht durchs Fenster!

23:56
Ich kann nicht schlafen! Ich muss die ganze Zeit an das endoplasmatische Retikulum denken!

23:57
Hey Madame, da ich kein Bday Geschenk für dich hatte, dacht ich mir, hey, lad ich dich doch morgen zum Putzen meines Zimmers ein!? Na? Baff???

0:00
Schatz, wir sind jetzt seid 2jahrn 7monaten und 34tagen zusammn

0:01
Alter wo bist du? Voll die Weiber am Start! Komm schnell her!

18:26
Jo, hab die SMS erst jetzt gelesen. Ich sitz neben dir. Wo sind die Weiber?

0:01
Ey Mann, wir sind in 2 min bei dir und holen dich ab.
0:02
Das könnt ihr nicht bringen ... ich sitz noch nackt vorm PC!!!

0:02
So, wir haben jetzt Tittenvergleich gemacht, und falls es dich interessiert – meine stehen am besten!

0:02
Wünsche euch einen guten Rutsch! Und Süße, trink nicht zu viel :-) Frauen, die kotzen, sind nicht sexy!
0:03
Wünsch ich dir auch und hab dich lieb. Trink du auch nicht zu viel, denn Männer, die kotzen, sind auch NICHT SEXY.
0:05
Kleene, Männer, die kotzen, haben im Rudel einen SEHR SEHR SEHR hohen Rang :-)

0:02
Ich hab 'nen neuen Typen und ich nenne ihn liebevoll die Notlösung :-D

0:02

Findest du eigentlich, dass ich mit meiner neuen Frisur schlampig aussehe?

0:05

Ich finde, dass du immer schlampig aussiehst!

0:08

Also, gut?

0:04

Schatz, würde es dich stören, wenn ich noch anrufe? Kuss

0:09

Würde es dich stören, wenn ich nicht rangehe?

0:05

Entfernen gerade Apfelmus aus unserem Koffer. Habe nichts Sauberes mehr zum Anziehen – und das am 1. Tag!

0:06

Ähm ja, ich hab dir versprochen, dass ich dir noch schreibe, aber ich hab vergessen, was ich schreiben wollte. Aber wenigstens hab ich mein Versprechen gehalten!

0:06

Ich habe ein Problem: Auf der Party laufen so tolle Typen rum und ich hab 'n Freund :-(Wie ist's auf der Hochzeit?

0:08

Ich hab 'n ganz anderes Problem: Ich hab den Brautstrauß gefangen!!!

0:09

Immer wieder bin ich über meine schauspielerische Kunst erstaunt, erst jetzt lass ich meine Trunkenheit durchscheinen, ich bin stock besoffen und wenn ich stock sage, dann meine ich stock, ich wünsche dir viel Glück bei deiner Frisur die du erst nächste Woche schreibst, wir sehen uns Sonntag, i freu mi :-)

0:10

1 frohes neues Jahr wünsch ich dir!

1:36

OK

0:12

Nimm ab, oder ich mach mit einem Anderen rum!

0:13

Habe es tatsächlich getan und P. nach seiner Nummer gefragt. Und nun entschuldige mich bitte, werde mir irgendwo ein tiefes Loch buddeln gehen und dort beschämt und einsam sterben …

0:16

Ich liebe halbe Liter! Die lassen sich so einfach zusammenzählen!!

0:17

Ey, wo bleiben jetzt die versprochenen versauten SMS?

0:23

Du scharfes Stück! Du bist immer noch ein geiles Gerät! Sorry, bin ungewohnt unkreativ gerade.

0:27

Leute, hat jemand von euch mein Abschlusszeugnis mitgenommen? Ich wollt's euch nur ZEIGEN, nicht verschenken!!!

0:17

Ey, ich steh hier drüben bei dieser Palme und winke wie eine Irre. Kommt doch mal rüber!

0:18

Ach so, ich dachte, du wärst die Biene. Deswegen habe ich dich geflissentlich ignoriert …

0:19

Ich BIN die Biene!!!

0:17

Hey Madame, hast du nicht gesagt, deine neue Mitbewohnerin ist lesbisch?

0:24

Ja, ist sie auch.

0:41

Du solltest deine Aussage über sie nochmal überdenken … Ach, und ich hab dir 'nen 5er für neue Gummis ins Nachttischchen gelegt … Bis morgen ;-)

0:20

Ich habe gerade deine linke Brust beim Kniffeln gewonnen. Völlig legitim und so.

0:22
Wo steckst du? Sind gleich mit Bestellen dran!

0:25
Sitze 2 Tische hinter euch beim Essen. Die Schlange war mir zu lang, bin durch den Drive-in gelaufen.

0:22
Also, ich glaub, meine Mütze liegt da noch rum. Eine schwarze, innen grün – nimm sie bitte für mich mit! Danke und schönen Abend noch ;-)

1:25
Gefunden! Kann's sein, dass du nicht nur deine Mütze, sondern auch das Zahlen vergessen hast?

0:24
Hilfe! Ich kann mich nicht zwischen zwei Typen entscheiden!

0:28
Mach den Duplo-Test.

0:25

Haklo svhqtz, es ist 00.21 ubd ichbmuß sageb ich kiebe fivh seh. Die bustabb verschwinnb, vir meinen bqohl touchstn niivht einschlafen. Bittes sg air sp

0:26

Schatz, ich liebe dich auch sehr, aber falls du's noch nicht bemerkt hast: Ich bin der Typ in dem blauen Shirt, der neben dir sitzt. Du verwechselst mich, ich bin kein Fremder, der dich flachlegen will. Ich bin es wirklich, dein FREUND!

0:25

Wenn ich bei dir wäre und du auf dem Klo wärst und ein Dino käme und meine Brüste essen würde – würdest du mir eine von deinen geben?

0:28

Du bist so ein Assi. Meld dich!

2:31

Niemals. Was wie ein Winken aussah, war mehr eine Schockreaktion und eine daraus resultierende unkontrollierte Bewegung meiner Hand. Lösch am besten meine Nummer.

0:30
Der Nordpol ist ein heißerer Typ als du.

0:31
Ich liebe dich!
0:35
Nein, tust du nicht.
0:37
Wie kannst du denn sowas sagen?
0:40
Weil du mich immer nur liebst, wenn du besoffen bist!

0:32
Hey. Lust auf'n Orgasmus? Ich verteil die grad gratis!

0:32
Kacke, grad wollt ich mich wiegen und die Waage sagt EE. Ich wette, das ist die Abkürzung für Elefanten einzeln! :-(So fett bin ich doch gar nicht geworden, oder?

0:32

Alsoooo … Man hat mich grad mit dir auf Platz 2 der Jugendsünden gewählt. Nur M. mit C. war schlimmer :-)

0:34

bin in 10

0:35

minuten da. und ich hasse mein handy. ich komm immer zu schnell

0:36

auf den senden-knopf!

0:34

Warum seid ihr eigentlich alle so hässlich?

0:39

Weil wir's können :-)

0:34

Wie machen wir das jetzt morgen früh?

0:36

Du nackt in meinem Bett :-)

0:37

Okay.

0:37
Gehe noch an die Tankstelle, soll ich was mitbringen?
0:42
Liebe :-)
0:44
Sorry, führen die wohl nicht. Hab mal noch etwas Alk genommen, kommt letztlich wohl auf's Gleiche raus ;-)

0:40
Kannst mich holen kommen? Steh grad mit 4 nackten Schweden auf'm Balkon im Zimmer Nr. 15 und rauch 'ne Zigarette. Die wollen nicht, dass ich weggehe. HILFE!

0:40
Ichwilldichküssenverwöhnenerregenbesänftigenstreichelnbeobachtenberaubenversüßenverführenbeschenkenumarmenunterhaltenversichernberührenmassierenküssen.

0:40
Haben gerade in die Innenstadt von Köln gepinkelt, Tannennadeln in der Hose und durch den Flugenten-Move den Alarm von den Bahnhofsspinden ausgelöst.

0:40

Oh jaz dann schreib ich ihm mal immer hin sol er ph.i ja verfolgtdtgjdm

0:51

Schätzelein, mein Handy ging grad um den ganzen Tisch und keiner weiß, was du sagen willst. Hier kommen gerade Theorien auf, dass du entführt wurdest?

0:41

Hi, wollte dir eine Erinnerungs-SMS schreiben, damit du weißt, dass du mich um 23:30 angerufen hast, um nachzufragen, wo dein Kitzler ist :-) Und? Hast du ihn gefunden? LG

0:43

Du samma ganz ehrlich warum hatten wir eigentlich noch kein Sex?

0:45

Wahrscheinlich, weil wir noch nie zusammen DVD geguckt haben.

IV 0:46 bis 2:06 Uhr
Ich hab immer noch meine Klamotten an!

0:46
Scheiße, hab die ganze Zeit Fantasien mit dir. Was soll ich machen? :-D

0:47
Lies ein Märchenbuch …

0:50
Haha, der war schlecht. Außerdem hab ich keins mehr. Hast du morgen keine Schule oder wieso bist du noch wach, Babe?

0:53
Babe schläft schon, aber Muttern freut sich immer über nächtliche SMS.

0:46
Warum genau schreib ich dir? Nun, ich bin blau und verdammt neugierig auf dich. Das klingt versaut? Das soll es auch … Ich bin scharf auf dich.

1:30
Okay, das war peinlich, tut mir leid …

0:47
Meinst du, ich muss mehr ladylike und verführerisch sein, damit er auf mich steht?

0:51
Blödsinn. Ladylike bist du schon (na ja, zumindest, wenn du nicht gerade besoffen in den Flur der Bar kotzt).

0:48
Lust, mit mir 'ne Runde eiszulaufen?
0:52
Boa, hast du mal auf die Uhr geguckt? Außerdem haben wir Sommer und die Eisbahn hat zu!
1:01
Unsere Fantasie kennt keine Grenzen, ich hab uns eine gemalt!

0:50
Wir haben gerade Pudding gemacht aus einem Pulver, das vor knapp zwei Jahren abgelaufen ist. Uns geht's gut. Sind wir schon für das Studentenleben so abgehärtet oder gerade einem Skandal der Lebensmittelindustrie auf der Spur? Ich halte dich auf dem Laufenden. LG

0:51
Hey, na, was treibste so?
1:17
Ich lieg hier auf dem Boden und warte, bis mir mein Bruder meine Krücken wiedergibt.

0:54

Ibh b4n stvrz besoffen aba iäh 5iebe diäh :-*

0:57

Wow, du hast das komplizierteste Wort richtig geschrieben! Ich liebe dich auch :-D

0:56

frohes neues frohes neues frohes neues frohes neues frohes neues frohes neues frohes neues frohes neues frohes neues frohes neues frohes neues frohes neues frohes neues frohes neues

0:58

Laut deiner SMS müsste ich jetzt im Jahre 2024 leben.

0:56

Obst und Karate für alle.

1:00

Hallo Schatzi! Ich wünsche dir auch ein frohes neues Jahr. Vielleicht klappt es in 365 Tagen mit einem Freund und vielleicht hat er einen netten Papa ;-) Kuss, Mama

1:00

Ähm, du weißt schon, dass SMS, die du ans Festnetz schickst, von so 'nem System automatisch vorgelesen werden, oder?

1:15

Ja und? Ist doch nicht schlimm, Süße ;-)

1:20

Du weißt auch hoffentlich noch, dass ich mit 2 Typen in 'ner WG wohne? Die sich nun über den Satz „Ich hoffe, ich konnte den Spruch: Es kommt nicht auf die Größe, sondern auf die Technik an, bestätigen?" das Maul zerreißen?

1:01

Wir haben einen ganzen Film geguckt und ich hab immer noch meine Klamotten an!

1:02

Wenn ihr mich sucht, ich spiel Verstecken mit so 'm Mädl. Ich versteck mich auf'm Klo und warte, bis sie kommt.

1:09

Kannst du lange warten, die is grade heimgegangen.

1:02
Hab grad R. dabei erwischt, wie er seine neue Freundin vögelt. Die grinst mich an und fragt, ob ich mitmachen will. Irgendwie komm ich mir vor wie in 'nem billigen Porno!

1:04
Anstatt so 'n Wind zu machen, hättest du auch einfach mitmachen und mich weiterschlafen lassen können ...

1:03
Ich würde ihm zwar gerne was antun, aber ich hab beschlossen, ich lass ihn in Ruhe. Er ist ja schon genug gestraft mit seinem Gesicht. Und seinem Gehirn.

1:03
Kommt ihr noch zu uns? Wäre schön!

1:04
Sind schon da, haben uns schon begrüßt und zusammen was getrunken und ich steh 1 Meter von dir. Dreh dich mal nach links.

11:05
Kommt ihr jetzt noch oder nicht?

1:03

Beweg dich hierhin, muss morgen nämlich um 7 raus, Bücher abgeben und Zeugnis holen!

1:07

Weißte wie ätzend das ist, wenn man von den gesamten Vorlesungen nur 50 % besucht hat? Von den 50 % hat man 20 % geschlafen. Dann hat man von den restlichen 30 % sich 10 % unterhalten und in der Regel von den übrigen 20 % noch 10 % gesimst. Dann bleiben noch 10 % übrig, von denen ich wiederum noch 5 % telefoniert habe. Im Großen und Ganzen heißt das, wenn es hoch kommt, war ich maximal 'ne Stunde da! Gott steh mir bei, und du beschwerst dich, dass du früh rausmusst? Wo bin ich gelandet?!

1:04

Als ih so alt warwie du hab ich nen zahn verlorn &nicht meine Jungfräulichkiet!

1:04

Du weißt schon, dass sie 'nen Freund hat?

6:00

Zu spät.

1:04

Noch 3 Bier und 2 Wodka und ich fang an, an dich zu denken! XD

9:06

Noch 37 Tequila und ich fang an, die SMS als Kompliment zu sehen!

1:08

Also ich schleich mich extra leise ums Haus, watschel durch den tiefen Schnee, frier mir die Finger ab beim Formen des Schneeballs, der dich so erschrecken sollte, wenn er bei aller Ruhe deines Geistes ganz laut gegen dein Fenster patscht. Und du bist so frech, du maßt es dir an, du erlaubst dir diese Unverschämtheit, genau dann, wenn ich diesen von langer Hand geplanten Anschlag ausführen will, unterwegs zu sein?! Das wird ernsthafte Konsequenzen nach sich ziehen, Fräulein.

1:10

weißt du meine pin? weil ein en versuch hab ich nioch! xD

1:11
Sorry, musste off, Oma wollte zocken.

1:11
Oh Gott, ich bin so angepisst!

1:15
Was ist los, Hase?

1:20
Ach, ich frag mich nur, wann es endlich eine Maulkorbpflicht für Rentner in Straßenbahnen gibt!

1:12
Alles Gute zum Geburtstag wünschen dir H. und P. von der Polizeiwache!

1:12
Erinnerst dich an den Typ, der uns vorhin hauen wollte? Mit dem Messerstich in der Brust? Bin mit ihm im Atrium. Komm um drölf. PS: Mach dir keine Sorgen.

1:13

Ich will dich nicht verlieren, aber das werde ich wohl jetzt. Ich möchte nicht, dass es so weitergeht. Ich kann aber im Moment auch nicht das sagen, was du dir vielleicht wünschst ... Will dich nicht verlieren, der Gedanke zerreißt mir das Herz!

1:20

Aaha ...

1:14

Ich hab 'n Knutschfleck am Hals, der sieht aus wie Pac-Man.

1:14

Wir zünden grad deine Schuhe an!

1:15

Ich muss die ganze zeit an dich denken ...

1:25

Das freut mich :-) Kuss, Mama.

1:16

Kannst du bitte nochmal nach meinem Herz suchen?

1:16

Hey J. :-) Du bist echt lesbisch? Ich hab kein Problem damit, ich find's geil :-D

1:19

Ja. Was aber nicht heißt, dass ich Sex mit dir und einer anderen Frau haben will. Und wenn, würde ich nur Sex mit der anderen Frau haben wollen und dich entfernen lassen.

1:17

Chef, würdest du bitte dem Neuen von der Security sagen, dass ich wirklich hier arbeite. Komme mir ziemlich verarscht vor, ich wollte doch nur eine rauchen.

1:17

Der Kerl von grad is mit meinem Höschen abghaut!

1:18

Happy birgteb?

1:26

Danke :-)

5:27

Wofür?

1:20
Habe eben deinen Bruder getroffen. Sag mal, ist der schwul?

1:22
Nein, warum?

1:28
Weil er gesagt hat, dass er Susanne heißt.

1:29
Das war meine Schwester!

1:20
Oh, mein werter Herr! So ward die Prinzessin wohl gleich auf dem Wege in ihr Gemach, als sie dieser unerschütterliche Gedanke ergriff (man bedenke, sie ist blond). Wohlgleich ihr entfallen war, dass sich ihr treuester Bote nach ihr sehnte und sie vergaß, ihm ihr Vorhaben zu verdeutlichen!

1:21
Hm, ok. Gute Nacht.

1:22
Wie findest du eigentlich den Patrick?

1:38
wie fintn wi eig nemo?

1:22

Alter, bist du zu Hause angekommen?

1:26

icvh bin grade an der bushalte und wart grade mit den mülltonen auf den bus die wolln nämlich unbedingt nach hause.

1:22

So Schatz, sind jetzt in 'nem Table Dance-Laden gelandet ... OMG ... hihihihi

1:45

Komm mir ja nicht nach Hause, ohne was dazugelernt zu haben!

1:22

Also mein Austauschschüler hat grad gekotzt, wie steht's bei dir? :-D

1:22

Ja, ähm, meine Freundin hat grad 'nen Psychoanfall und will über ihr Leben reden ... Vielleicht können wir ja nächste Woche mal was machen ... ?!

1:23

Der Typ, der mir gefühlte 100 Jahre auf'n Arsch gestarrt hat, steht doch nicht auf mich. Nachdem du gegangen warst, hat er mir weitere 100 Jahre auf'n Arsch gestarrt & dann hat er mich angesprochen und mich gefragt, ob meine Hose indigofarben oder dark blue ist, er konnte sich nicht entscheiden …

1:23

Katze gefunden, war im Mülleimer :-D

1:23

Wie heißt die App, wo man Pizzaläden finden kann??

1:25

Google!?

1:24

Ich versteh's nicht, es war doch eigentlich alles gut! Komm schon, ich weiß es einfach! Ich weiß, dass du mich noch liebst!

1:34

Also ICH weiß, dass ich gerade nackt auf G.'s Bett liege.

1:24
Dein Handy ist heute das Einzige, was du aus der Hose holst.

1:24
Memo an mich selbst für morgen: Fahrrad steht am Schild beim Pub!

1:25
Ich glaub es is ein mädchem!

1:31
Ich taufe es kevin!

1:25
Wo Du ich sterben

1:25
Ich liee dich mein schelwezet

1:25
Ich weiß, das ist jetzt echt dreist, das ist meine letzte SMS, aber bleibst du deinem Freund ganz sicher treu?

1:25
bin im VIP Bereich :-)
1:40
bin im VIP Bereich :-)
2:23
bin im VIP Bereich :-)
3:00
bin rausgeflogen

1:27
Im Zug hat sich gerade ein fremder, angetrunkener Mann einen meiner Ohrstöpsel in sein Ohr gesteckt, um meine Musik zu hören! Und dann hat er ihn wieder in mein Ohr gesteckt. Ich fühl mich ohrgewaltigt!

1:28
Der Betrunkenschalter wurde soeben umgelegt.

1:31
Seit heute weiß ich … Ich bin ein sensibler Poet, gefangen im stark behaarten Körper eines LKW-Fahrers. Maikäfer flieg …

1:31

Ok ist gut. Aber schreib jetzt nicht mehr zurück, sonst schreib ich auch nur wieder und du auch und es entsteht ein Teufelskreis.

1:33

Ok.

1:32

Es tut mir leid. Alles. Alle Probleme, die ich dir beschert habe, jeder Schmerz, den ich dir bereitet habe, einfach alles ... Tut mir leid ... Kannst du uns aus Münster abholen?

1:34

Du weißt schon, dass sie gekotzt hat, kurz bevor ihr rumgemacht habt?

1:36

Nö, aber ich auch.

1:34

Du hast den geilsten Arsch der Welt!

1:42

Ersetze „hast“ durch „bist“ und „den“ durch „der“ und das Gleiche gilt für dich ;-)

1:34

Bin greade die treppe runter geflogen aua alles blau :-(

1:36

Kein Problem, passt perfekt zu meiner Bettwäsche.

1:34

Hahaaaaaaaaaa ich muss nur noch wissen, wie man eine Atomrakete mit Käse antreibt und dann gehört die Weltherrschaft mir!!

1:41

Du hast psychische Probleme :-D

2:01

Und du bist eifersüchtig auf meine Genialität!

1:35

Lieb dich, Süße! Dein Bruder un ich sind vol. Freu dich wenn du äh er nach hause kommt.

1:42

Danke für die Warnung. Ich schließ ab.

1:35
Hast du Klopapier???
1:36
Nein Mann! Brauch selber welches!!! Wollte dich grade fragen, ob du welches hast :-)
1:37
Jetzt ist Warten angesagt, oder was?
1:38
So sieht's aus.

1:36
Ich hab mit dem Typen rumgemacht und jetzt hat er mein Bonbon ... Ich will es wiederhaben!

1:38
Siehst du das, was ich sehe?
1:40
Eine enge Radlerhose, gefüllt mit Geschlechtsteilen?

1:38
Die Gurken warten auf die Salatsauce, der Ofen auf den Hackbraten und ich auf dich. Ich liebe dich und vermisse dich fürchterlich.

1:40
Ich glauber liebt mich :-(
1:44
I meinte ich glaub e er liebt mich .. :-)
1:50
Ich glaube, du trinkst zu viel!

1:40
Hey. Weißt du noch genau jetzt vor 2 Jahren? ;-)
1:42
Ja. War schön. Möchte trotzdem gern weiterschlafen.

1:42
Papa, kannst du mich abholen? Ich kann den Fahrplan nicht mehr lesen.
1:46
Bist du wieder betrunken?
1:48
Nee, nur angetrunken. Holst du mich jetzt ab? :-)
1:53
Angetrunken ist rausgeschmissenes Geld. Solltest du dir merken, Mäuschen. Wo bist du denn?

1:42

Ey, ich bin grad voll bei McDonalds auf Toilette und bewunder das Waschbecken … was machst du grad Tolles?

1:43

Ich sitz mit dem Essen am Tisch und warte, bis du Vollidiot mal rauskommst! MACH HINNE ODER ICH HOL DICH

1:42

Die Pat dry ist nicht cool wir kommen nicht rein wegen schlägerei

1:59

Die Party ist cool aber wir kommen nicht rein

2:08

Ich geh jetzt ins bett bin betrunken

1:44

Oh Gott, sogar C. ist hier, ich schwör's dir, wenn alle, mit denen ich schon mal was gehabt habe, den Raum verlassen müssten, wäre ich alleine hier!

1:47
Dann fahr abr vrslchtig ! Un pass af Knder auf
1:49
Ich glaube kaum, dass nachts um 2 noch Kinder auf der Straße rumlaufen. Was wären das für Eltern?
2:38
Vieleict habn si sich gstritten?

1:50
Können wir nicht einfach nur Freunde sein? Ohne Sex? Einfach nur jemand zum Reden?
2:00
Computer sagt NEIN!

1:50
Der Film war gut, aber ich hätte doch eine Hose anziehen sollen.

1:52
Frag nicht wie und warum, aber ich bin in einer Schwulen-Bar gelandet. Du musst mir sagen, wie ich mich verhalten soll ...

1:52
Alter. Ich hab so lange n

1:53
ichthyosaurier getrunken , dass ich jetzt bin
:-* hab doch lieb

1:55
Wir sind ab jetzt zusammen :-)

2:03
Warum?

2:07
12.12. – geiles Datum!

1:55
Wir sind jetzt da, wo wir angekommen sind!

1:56
Hey Süße, du meintest, ich soll deine Tasche mit nach Hause nehmen, ich habe gerade alle Gummis darin gefunden! Haha, gute Party noch, Babeee :-)

1:58
Ich hasse mein Leben!
2:14
Ich hasse dein Leben auch!

2:00
Glaub mir, ich liebe dich, hast du noch nie was von Liebe auf den ersten Blick gehört?
2:03
Junge, pass mal auf, deine Liebe auf den ersten Blick waren meine Möpse.

2:00
Ich hatte gerade 4 Kekse, dann hab ich einen gegessen. Jetzt hab ich nur noch 3.

2:00
Hey Süße, mach dir keine Sorgen, deine Tasche ist im Schrank und deine Brille hab ich. Wenn ich dich abholen soll, ruf mich an!
10:00
Danke, nachdem ich die Krankenschwester hier von der Intensivstation gefragt hab, wo meine Tasche ist, und mein Handy rausholen konnte, hab ich das auch gemerkt.

2:01
Ich muss dir was sagen,
3:07
Was denn?
6:35
Nix.

2:03
Ich lebe noch und bin in einer warmen Wohnung, womöglich meiner eigenen.

2:03
Wir stehen grad halbnackt vor deinem Haus und versuchen 'nen Apfel zu kiffen :-D

2:04
Kanmst du mibh aaholem! Liehe bdim jokdr un die ecke
2:06
Wenn du deinen Namen korrekt schreibst, dann kann ich das machen.
2:09
Nee danm nich.,

2:04

Ich bin jetzt wieder im Zelt. Rechts von der Bühne!

2:07

Wo, ich seh dich nicht!?

2:10

Uppsi, das ist doch links. Sry

2:05

Oh Mann, ich pack's nicht. Der scheißengeile Artytyp glotzt doch echt die ganze Zeit auf N.'s Riesenbrüste. Und das bloß, weil die sich ihren Nuttengürtel umschnallt ... Ich mein, du würdest null auf diesen Gürtel stehn, oder? Oder? Ich mein, Charakter, Stil und so???

2:32

Pass auf Schnucki, du bist 'ne klasse Frau und jeder Typ sollte froh sein, 'n Date mit dir zu haben. Soll heißen, du solltest aufhören diesen Weicheiern hinterherzulaufen. ABER: wenn du das nächste Mal 'n Typen klarmachen willst, nimm bitte nicht deine zehnmal geilere Freundin mit!!

2:06

Hey süße … kanste bittte rauskom dr trüshteher will mich net rin lass und ih hab gesgt er könn dienen numr hbn … ich darfff alsorein wn dir ihmseine numr gibst

V 2:08 bis 3:23 Uhr

Haben wir zufällig 'nen guten Anwalt?

2:08

Wo zum Teufel bist du?

2:11

Hab 'ne SMS bekommen, dass es vor der Tür Vodka gibt! Glaube, ich wurde verarscht.

2:13

Glaub ich auch. Komm zurück ins Bett!

2:10

Ey, ich hab mir Gedanken gemacht und ich werde mich ändern.

2:12

?? was los? wie ändern??

2:17

Meine Einstellung ist 'ne andere jetzt. Ich schlafe jetzt auch mit etwas dickeren Frauen, scheiß drauf.

2:10

Memo an mich selbst: Niemals ins Waschbecken kotzen! Ist doppelte Arbeit!

2:11

Bist du betrunken?

2:20

Nein, ich bin Daniel.

2:11
Denkst du, das wird was mit uns? :-)
2:13
icg bin en merscgweinschen ud ein elch, auserdem heis ich elchkuh un hab ne mütze mit handshuhen an. also eher nein.

2:12
Sag, wo soll ich hinkommen, kenn mich doch überhaupt nicht aus!
2:14
Lauf die Straße runter, ich warte auf'm Balkon. Ich werfe meine Haare runter, kannst dann hochklettern.

2:13
Wir waren grad bei ihm! Stell dir vor, wir haben seine Eltern erwischt und mussten dann 10 Minuten lang lachen! :-D Wie gut das war! :-D Oh Mann, oh Mann :-D Ich muss mich jetzt erst mal wieder fangen :-D

2:13
Ich weiß nicht, ob ich mich bei dir melden will ...
2:26
Anscheinend ja schon.

2:13
:-D Sag mal ganz oft Loyalität. Ich könnt bescheuert werden!

2:14
Alter Finne, haben gerade Stromausfall und ich musste mir die Flashlight-App runterladen, damit ich fertig kacken konnte!

2:14
Schlüssel weg, Typ weg und Freunde, unter anderem auch du. Wo seid ihr, Mann? Und wo bin ich? Holst du mich?

2:21
Wie? Wir haben dich doch nach Hause gebracht, bist du schon wieder los oder was?

2:14
Hey, ich soll dich fragen, ob du Lust hast auf Kino?

2:17
Du sollst mich fragen? Von wem denn? Aber ja klar, können wir gern machen!

2:19
Von meinem nüchternen Ich! :-)

2:14

Du hast ja wirklich keinen BH an!

2:16

Hilfe, Polizei auf Party. Sagen, wir müssen gehen (300 Leute). Können wir uns auf Versammlungsfreiheit berufen? Hab gerade 'ne geile Frau kennengelernt. Will nicht gehen.

2:24

Nix Versammlungsfreiheit. Ohne politischen Zweck ist eine Versammlung nur 'ne Ansammlung und steht nicht unter dem besonderen Schutz der Verfassung.

2:30

Hilfe, die sind echt böse! Können wir nicht sagen, wir sind für Castor 21? Die sagen, wir müssen gehen.

2:17

Du wirst es nicht glauben, aber hier am Straßenrand sitzt ein Schwarm Igel und sie starren mich an!

2:19

Kann nicht sein, Igel sind keine Schwarmtiere.

2:17

Alter! S. und ich haben eben 'nen Porno ausgeliehen, „Eden". Film fängt an und es stellt sich raus, dass er in Englisch ist. Jetzt ruft sie grad bei T-Home beim 24h Kundenservice an und beschwert sich, warum der nicht auf Deutsch ist :-D

2:17

Wäre gut, wenn diese Woche eine Mädchenleiche Istanbul

7:32

Ich meinte, wäre gut, wenn diese Woche eine machbar ist.

2:18

bin gerad die trepe runtergefalen

2:20

Haste was gebrochen?!

2:21

jaa abre nur nudelsalat

2:18

Hallo. Wie betrunken bist du schon? Bei keiner Antwort hol ich dich zur Sicherheit ab.

2:20

Keine Antwort.

2:18

Okay, dann ist's okay, solange ihr nicht zu betrunken seid. (Weil der Typ, in dessen Wohnung wir feiern, weiß nicht direkt, dass wir da sind …)

2:20

Hab echte Sehnsucht nach dir, ob du's willst oder nicht, heut werde ich zu dir kommen :-D Sag dann erst mal deinen Eltern hallo, werden sich bestimmt freuen, dass sie so 'nen coolen neuen Sohn haben ;-) Dann schau'n wir mal, was wir zusammen machen. Ich sehne mich nach deinen Lippen und möchte unsere Leidenschaft spüren!

2:50

Ich hoffe, du bist besoffen oder irgendwer hat dein Handy entführt … ich bin heute nicht da, wie gesagt.

2:21

Hallo T., ich vermisse dich wirklich und komme mit der Trennung nicht klar, mit meinem neuen Freund läuft es auch nicht, weil ich immer an dich denken muss. Auch wenn ich mit ihm schlafe, denke ich an dich. Bitte gib uns noch eine Chance, Kuss.

2:47

1. Komisch, dass du mich nicht unter „Schatz“ eingespeichert hast, wie es Frauen normalerweise tun, 2. schön, dass du an jemand anderen denkst, wenn du mit mir schläfst, 3. vorteilhaft, wenn der neue Freund den gleichen Namen hat wie der Ex-Freund und 4. kannst du dir jetzt den dritten T. suchen.

2:22

Wo bist du? Sollen wir uns sehen? Soll ich zu dir kommen? Biste daheim?

2:24

Soll ich mich schon mal ausziehen? :-D

2:30

Tu das, nackt kann ich dich orten, egal wo du bist. Bin in 10 Minuten da!

2:26
Ich beunruhige dich nur ungern, aber deine Schwester ist voll im Proberaum und macht mit V. und L. rum! Ich hab Videos!

2:29
Ja, seid ihr bald mal fertig? Hier ist schon 'ne Schlange vorm Klo ...

2:30
Melde: Bin daheim, keiner hat mich getötet :-D Aber ein Betrunkener hat mir beim Pinkeln mit seinem Penis zugewedelt.

2:32
Ich ess grad son Sandwich was du mir immer gemacht hast ... ich weiß das itneressiert dich nicht ... aber ich hab deine Sandwich Dinger geliebt :-)

2:41
Natürlich itneressiert mich das :-) Nach was hat's denn geschmeckt? Nach schlechtem Gewissen oder nach Verrat?

2:32

Okay, ist schon 3 Jahre her, aber warum wolltest du nie eine Beziehung mit mir? Ich hätt mein Leben für dich aufgegeben!

10:43

Weil ich ein Mann bin und du auch und ich auf Frauen stehe????

10:50

Das hätteste mir auch schon vor 3 Jahren sagen können.

2:33

Hi Schatz, hab meinen Schlüssel verloren, willst du mir aufmachen oder ist der Schlafsack noch hinter den Mülltonnen?

2:33

Ich weiß nicht, was ekliger ist, Küstennebel oder Carmen Nebel.

2:33

Wo zur Hölle steckst du?

2:35

Siehst du den weißen M3 mit Augsburger Nummernschild??? Mit den verdunkelten Scheiben? Der wackelt? DA bin ich!

2:33

Ich vermisse dich, du bis u die einzge für mich xxxxxx

12:17

War das jetzt wieder eine der SMS, die ich ignorieren soll? Wie die letzten 60000, die ich jedes Wochenende nach deinen Sauftouren bekomme?

12:20

Ähm, genau ;-) Freu dich schon auf die, die du nächstes Wochenende bekommst!

2:34

Bin bei Rambo. Hat Beziehungsprobleme.

2:38

Verarsch mich nicht. Wer ist Rambo?!

2:44

Sollte Sandra heißen.

2:34

Sein Name ist Noah ... Hoffe mal, dass seine Arche genauso geräumig ist! :-D

2:34
Ich glaub mein schuh brennt, sag mir bescheid

2:45
Alter, ich bin nicht mal im gleichen Bundesland wie du!

2:34
Laufe gerade U-Bahnhof runter, und wenn Gott mich liebt, kommt meine U-Bahn gleich *beten*

2:35
Ab sofort bin ich vergeben :-) Gott liebt mich!!!!!!!!!!!!

2:36
Bring F. mit, der liegt vor der Haustür.

2:37
Ich glaub, ich hab mich verliebt!

2:40
Hä, in wen?

2:41
Ahh, jetzt geht's wieder!

2:37
Gibt es eigentlich Bedenken, wenn sich ein Menschenaffe mit einem Affenmenschen paart?

4:58
Welcher davon bist du?

2:37
Ähm, ich hab mal so 'ne Frage: Hab grade meinen Freund betrogen, aber wichtiger: Man kann doch nicht von jemandem schwanger werden, wenn der beschnitten ist, oder?

2:44
Nönö, alles gut. Weitermachen :-)

2:40
Hey, ich soll dich von meiner Freundin fragen, ob du noch gerne Sex haben möchtest. Das würde ihr wirklich viel Spaß machen. Falls ja, meld dich in den nächsten 10 Minuten, sonst gehen wir zu McDonald's.

2:42
Ich dacht' grad, ich hätte auf meine neuen Schuhe gekotzt, aber dann ist mir eingefallen, dass ich mir ja deine ausgeliehen habe.

2:43
Schatz! Du wirst mir nicht glauben, was ich gerade gesehen hab?!
2:44
Was denn??
2:46
Ich hab einen Opa in 'nem grünen Dreieck gesehen. OMG! Ich lach mir grade soo's Brett.

2:43
Hey! Ich bin schon Frühling!
2:58
Nice. Ich bin noch Ende Winter …

2:45
Hey M., stehe gerade vor dem Backstage-Bereich! Ruf P. an, die wollen mich nicht reinlassen, weil ich keine Schuhe mehr anhab! PS: Wo ist unser Zelt?

2:45
Haben wir wirklich mit einem alten Mann Pfeife mit Vanilletabak geraucht?
2:47
Ja, und er konnte die Stimme von ALF imitieren ;-)

2:46

Scheiße, bin grad im Crowd und seh den Moritz mit seiner Neuen – die hat GEBURTSGEWICHT. Habe seit der Trennung 6 Kilo zugenommen, hab Blähungen vom Entschlackungstee, meine Brüste baumeln in diesem scheißdreck BH bis zu den Knien und ich muss pinkeln. Sag mir, wie ich jetzt sexy an diesem Vollarsch vorbeigehn soll!

2:51

Am besten gar nicht. Moritz

2:47

Einen Gute-Nacht-Kuss für den besten Mann auf Erden!

2:53

Ja, ich richt's ihm aus.

2:47

Liebe ist Handeln entgegen allem besseren Wissen, aller Intuition und Intelligenz. Würde sie mich lassen, so liebte ich sie mehr als jegliches anderes Existentes, mit jeder Faser meines Seins. Ich wünschte, sie gäbe mir diese Chance.

2:47

wenn du sieht sag bescheid

2:48

Was meinst du mit der SMS?

3:22

Welche SMS?

2:51

Wie kommen wir heim?

2:53

Tragt mich ins Auto, ich fahr euch alle heim!

2:51

Nein, ich möchte dich nicht wiedersehen.
Aber wir können uns gerne mal treffen.

2:53

Küss sie, Mann, viel offensichtlicher geht's net! Hol mal deine Eier aus dem Kühlschrank!

2:54

Entschuldigung, diese SMS sollte nicht an sie gehen! Gute Nacht.

2:54
Holt mich bitte schnell ab, ich sterbe …
3:15
Wir sind immer noch im Urlaub. M., stell bitte, wenn du heimkommst, noch die grüne Tonne raus und versuch, nicht ins Haus zu kotzen. Standhaft bleiben, Soldat! Papa

2:54
ist es normal dass man sich smst wenn man in nem taxi nebeneinandersitzt? :-)

2:59
Ich komme nicht in meine eigene wohnung rein ich hab da ein problem mit!

3:01
Ey, da bestell ich grad 'nen Vodka-Soda mit na Zitrone und da sagt der Barkeeper „Wir haben leider kein Obst mehr." Ey scheiße Mann, die haben kein Obst mehr!
3:03
Saftladen!!!
3:04
Ja neeeee, eben nicht!!

3:04
Du hast die Hosen an, deshalb ziehst du ihm seine aus!

3:06
DA.HAST.DU.DIR.JA.DIE.GRANATE.
SCHLECHTHIN.RAUSGEPICKT

3:10
Werd die net los, erzähl ihr gleich, dass ich angeblich 'ne Freundin hab ...

3:13
Sie will mir noch 'n Bier ausgeben. Mach ich dann später.

3:08
Der S-Bahn-Fahrer hat grad einen Jugendlichen per Durchsage als Spasti bezeichnet!

3:09
Ich hoffe doch sehr, dass du der Jugendliche warst!

3:10
Nee, leider nicht.

3:08
Mich dich lieben :-)

3:09
Sorry, mich dir nicht kennen.

3:10
Hi Spatz, wann kommst du nach Hause?
3:21
Gleich, zieh dich schon mal aus und leg dich ins Bett! ;-)
3:22
Ich glaube nicht, dass du das wirklich willst. LG Mama

3:11
Ich glaub, wir werden als alte Jungfern sterben :-(
3:13
Ja, dagegen müssen wir was tun!
3:14
Jetzt? Ich sitz grad so bequem …
3:17
Nee, jetzt nicht.

3:12
Merke: Wenn ein Mädchen in der Nähe deiner Genitalien ist, sage niemals, dass es noch andere Mädchen gibt.

3:12

Ist dir klar, dass die meisten Krisentheorien des Kapitalismus daran kranken, dass sie unterschätzen, wie viele einst wertfreie Bereiche der Gesellschaft noch der kapitalistischen Verwertungskette anheimfallen können, um solchermaßen die Krisentendenzen durch eine quasi erneute ursprüngliche Akkumulation abzuschwächen?

3:20

Brauchst du Geld für's Klo?

3:21

Ich sehe, wir verstehn uns.

3:12

Mann, ich bin zu dumm für eure Klingel.

3:14

Kannst du bitte aufhören bei den Nachbarn zu klingeln?

3:12

Mir egal, ob ihr in Wuppertal seid!!! Kommt sofort zurück nach München zum Aufräumen!!!

3:13

Guten Morgen Papa! Versteh die Frage jetzt nicht falsch, aber öööhm, haben wir zufällig 'nen guten Anwalt?

3:14

Keine Sorge, ich fand dich auch schon süß, als ich noch nüchtern war ;-)

3:14

Du Fehler Mir

3:14

Es is weg ... man kann Aliens mit Pudding und Cola töten!

3:15

Süße, das war 'ne Grillparty – keine Modenschau & du sahst viel besser aus als ich und das an meinem Geburtstag. Bist du 'ne miese Freundin :-D

3:15

Du bist grad in die falsche Richtung gefahren, du wohnst in der andern!!!

6:55

Stimmt.

3:16

Hey, ich steh gerade an der Bar und frage mich, warum ich nicht wie jeden Freitag um 3 Uhr eine betrunkene SMS von dir bekomme … bin traurig.

3:17

Papi, Hilfe!!!! Ich find niht heim … :-(
Zur hilfe, da vorne ist ne Kirche … ud ne straße … Laterne … und so … Kannst du mir helfen??

3:20

Leg dich auf eine Bank und schlaf deinen Rausch aus. Dann rufst du mich nochmal an … Wenn du bis dahin nicht gemerkt hast, dass du vor der Wohnung stehst. Und bitte hör auf zu singen.

3:17
Scheiße, hab grad echt mit M. rumgemacht. Ich glaub, das liegt am Alkohol.

3:20
Ich will ja nichts sagen, aber du bist heute Fahrer!

3:21
Verdammt!

3:21
Wann kommst du nach Hause?

3:25
Wer bist du?

3:32
Deine Mutter!

3:21
Kannst du mich mal abheben kommen? Liege in irgendeinem Graben hinter diesem Parkplatz. Wenn du da bist, ruf einfach, ich antworte dann.

3:21
Gib L. ihre Nase wieder!

3:21

Ey grade stand einer neben mir auf dem Stehklo, guckt mich an und schreit JEDI-KAMPF und pinkelt mir gegen mein Bein. Jetzt muss ich nach Hause und mir 'ne andere Hose anziehen :-(

3:21

Schon mal 'nen Ford aus einer Schneewehe geschoben?

3:25

Nö, warum?

3:26

Optimaler Zeitpunkt wäre jetzt. Steh kurz vor O. Ich bin der mit dem Warnblinklicht :-) Bring 'ne Schneeschaufel mit ...

3:22

Man sollte keinen Toast essen, wenn man auf Klo sitzt! Da krümelt man sich in die Unterhose und das piekst!

3:23

SEX?

9:05

Ja ;-)

11:10

Scheiße, hab das gestern an alle in meinem Telefonbuch geschrieben. Na ja ... Wenigstens weiß ich jetzt, wer mit mir schlafen will – haha, hab ungefähr 30 „JA“ bekommen.

3:23

Jungs, ich weiß, ihr seid besoffen, aber wenn ihr so 'n Mist mit meiner Freundin schreibt, kommt das krass scheiße rüber und ich rate auch als Freund, es nicht zu übertreiben!

4:21

Sr bin vollbrit und wusste nichma nih daskhr nochbzusammeb seit :-*

VI 3:24 bis 5:12 Uhr

Beziehungspause für 5 min

3:24

Eh alden wir ghn jetz mit

9:54

Hä? Wohin bitte ist „mit“ gewesen? Und mit wem? Du solltest vor ’ner halben Stunde bei der Probe sein, Mann!

11:30

Sorry, mir geht’s voll mies, hab Kater und ’ne allergische Reaktion auf die Pille danach.

3:24

Schatz, auf einer Skala von 1 bis 10, wie sehr liebst du mich?

3:33

Ne solide 3.

3:24

Ja, sie lebt noch :-) Das Beste waren 2 Kommentare von ihr: 1. „Sag das nicht meinem Freund! Ach ne, ich hab ja gar keinen!“ 2. Als sie das Kondom im See versenkt hat: „Mögen aus euch geile Fischmutanten werden, meine Kleinen!“

3:25
Süße, ich bin grad mit ihm nach oben und will wieder zu euch! Er hat seine Celine Dion-CD reingelegt und denkt, dass das für eine heiße Nacht passend ist! Holt mich! SOFORT!

3:25
Hättest ja auch bei mir schlafen können.
3:27
Ähhm … Wir sind nicht mehr zusammen.
3:30
Der Weg wäre aber kürzer.

3:25
ICH LIEBE IHN!!! Wir hatten vorhin Sex und er ist danach NICHT eingeschlafen, sondern aufgestanden, in die Küche gegangen und hat 'ne Tafel Schokolade geholt! Ich glaub, ich werde ihn heiraten :-)

3:26
Hey Schatz, Beziehungspause für 5 min, es läuft grad „Ich bin solo" auf dem Winzerfest! Lieb dich!

3:29

Hilfe!! Alarmstufe Dunkelrot! P. kam gerade zu mir und hat gesagt „Mir geht's gut, seitdem du nicht mehr mit T. zusammen bist." Was soll ich tun?

3:31

Du und die Männer immer :-D

3:36

Aber ich hab doch diesmal gar nichts gemacht! Nur existiert :-) Ich will nicht, dass P. mich will.

3:39

Ich versteh dein Problem nicht. Du existierst und die Männer werden geil. Wünsch dir doch vom Christkind, dick und hässlich zu sein!

3:30

Seit wann gelten Pfandflaschen nicht mehr als Zahlungsmittel für's Taxi????

3:31

Danke für das Konfetti im Bett! Ich wollte schon immer mal um halb 4 mein Bett absaugen und ich glaub, meine Nachbarn waren da auch richtig scharf drauf! ;-)

3:32

Scheiße.

10:38

Scheiße, ich hab mit ihm geschlafen und bin jetzt verliebt? Scheiße, ich hab mit ihm geschlafen und nun ist er verliebt? Scheiße, ich bin verliebt, ohne dass was war? Scheiße, der geht einfach nicht mehr? Scheiße, ich muss so früh raus und bin noch immer auf? Ich setz 50 Cent auf 1.

3:34

Weißt du, wie ich mich gerade fühle? Ungefähr so, als hätte ich gerade herausgefunden, dass mein Lieblingsliebeslied eigentlich nur von einem Sandwich handelt …

3:34

Ich liebe dich. Schon ewig.

13:43

Okay ich weiß, die Chancen sind verschwindend klein, aber guck ja nicht, NIEMALS NIE IN DEINEN SMS-EINGANG, OK?!

3:35

Ich bin toter als der toteste Mensch in ganz Totistan. Gute Nacht!

3:36
Ich glaub, ich bin verliebt, Mann :-(
3:38
Hab ich letztens auch gedacht – dann war’s doch nur der Hunger …

3:37
Hey, du musst uns nicht mehr abholen.
3:40
War mir klar, nachdem wir dich grad daheim abgesetzt haben.

3:37
Frage: Ich hab ihm ja gestern zuerst geschrieben. Er hat geantwortet. Ich hab geantwortet. Er hat geantwortet. Ich hab geschlafen. Ich hab bis jetzt noch nicht geantwortet. Sollte ich jetzt vielleicht mal antworten???

3:45
Ich bin so spitz, ich schlaf bei dir. Passt?
3:47
Ich glaub nicht. Passt?

3:45

Schönheit, mir ist lieber, dass wir gute Freunde sind, als dass wir wieder in der Kiste landen. Ich lieb dich trotzdem.

14:00

Dafür, dass wir lieber Freunde sein sollten, hast du heute Nacht aber alles gegeben. Ich lieb dich auch :-D

3:45

Ess Lebenden das T9 auf meinem Handy! Es schreiben sinnvolles Wort und nunmehr bemerkbar niemand mehr dasss ich betrunkens bin. juhu! morgentau klausuren? muss ich abschreibenden bei dir. danken.

3:48

Diese Party ist sooo langweilig, jetzt schick ich schon SMS an mich selbst …

3:49

Es ist grad wie in einem Horrorfilm … Nebel im dunklen Wald, ein Uhu uhut und eine Blondine. An welcher Stelle kommt der Mörder immer? Dann bin ich schon mal vorgewarnt, womit der sicher nicht rechnet.

3:50

Warum steht ein nackter Typ bei uns im Badezimmer? Und wo bist du?

3:53

Uuuhh, den hab ich schon gesucht! Ich lieg in meinem Bett, warum?

3:54

Sterb ich, wenn ich mit 18 ne hautcreme benutze die 20 jahre jünger macht? K will mir das grad glar machen ... Bin aber su betrunkn unm zu wissen ob des etz stimmt.

3:54

Schatz, lauf seit 3 Stunden barfuß durch Berlin und hab keine Ahnung, wo ich bin. Am S-Bahnhof stinkt's und der Taxifahrer will mich nicht holen. Mir tut Folgendes weh: Füße, Kopf, Bauch, Kalt, Rücken, Knie.

3:55
Ich hab gehört, du bist heute feiern :-(Wie kannst du nur, du hast mich doch erst abserviert :-(

4:02
Du Vollidiot, 1. bin ich im gleichen Club wie du 2. Hab ich dir schon Hallo gesagt, aber du bist ja wieder stramm und 3. Ich sehe, wie du mit Leidenschaft und oben ohne mit der Tussi auf der Box tanzt.

4:12
Ja, von mir erwartet man so was, aber von dir? Das ist nicht ok, wirklich!

3:55
Hey, ich hab deine Jacke! :-)

13:15
Warum hab ich deine Jacke???

3:57
Immer positiv denken, nicht auf deinen Körper hören …

3:57
Es ist so weit, ich bin Rockstar: Heute Nacht hatte ich die erste Frau mit Silikonbrüsten! Wann kommst du? Das will ich mit dir feiern!

3:57

A., es kann doch nicht dein Ernst sein, dass ich in meinem eigenen Haus die Polizei wegen Ruhestörung rufen muss! Haltet jetzt die Fresse!!! LG Papa

3:57

Hey schöne Frau, gelungener Abend … Hast du deine Brüste wieder sauber kommen? :-D Hab dich liiiiiiiieb

10:54

Bin gerade aufgewacht, hab in den Spiegel geguckt und mich gewundert, was der Scheiß da sein soll. Wie zum Teufel kam das da hin und wer hat mir auf die Titten geschrieben?

10:59

Du hast sie jedem hingehalten und gesagt: GÄÄÄÄSTEBUCH!

3:58

Wenn das Beziehungssystem zur Vereinfachung für Partys in ein Ampelsystem umgewandelt würde, in rot, gelb und grün – welche Farbe wärst du?

3:58
Hi! Ich glaub, ich hab mein Handy bei dir vergessen.

4:01
Komisch, hier steht, die SMS kommt von deinem Handy.

4:03
Ganz ehrlich, ich verstehe deine dummen Witze nicht! HAST DU JETZT MEIN HANDY ODER NICHT!?

4:02
Schläfst du heute auswärts? LG Mama

4:07
Nein, aber ich fahr morgen auch nicht mit zu Oma. Peace out, bitches!

4:02
Wieso ist dir die L. jetzt sauer? Sieht zumindest so aus, als wär sie's. Ist es deswegen, weil du nicht rummachen wolltest?

4:10
Genau, und als sie mich küssen wollte auf engstem Raum auf der Tanzfläche und ich nicht ausweichen konnte – da hab ich sie gebissen.

4:12
Du hast sie gebissen?! :-D

4:05
Hab ich mit dir geschlafen oder war das jemand anderes?

4:05
Okay ganz im Ernst, das ist mir zu dumm. Ich hab den ganzen Abend kein Wort mit Ben geredet! Hab nur mit Lena rumgemacht und wegen Tom geheult! Ohne Scheiß! Da lass ich mich nicht mehr reinziehen! Ich hab nix damit zu tun, Stefan!

4:06
Scheiße, stecke in einem fremden Heizungskeller fest!

6:07
Mir geht's ähnlich :-)

4:07
J. hat mir meine Jacke geklaut. Als Ausgleich habe ich seine genommen. Das hat ihn geärgert. Dann hat er mir Vodka auf die Jacke geschüttet, dann haben wir wieder getauscht und er ist total ausgerastet. Dabei war das verdammt nochmal seine Schuld!

4:07

Hey, du wirst es nicht glauben! Mich haben gerade 5 Kerle aus einem Fenster angegrölt!

4:11

Wieso denn das schon wieder?

4:16

Die haben in dem Moment, in dem ich in den Busch vor ihrem Fenster gepisst habe, das Licht angemacht und das Fenster geöffnet und tadaaa, da saß ich im Spotlight!

4:10

Er hat 'ne Freundin und keinen Ständer, aber das Bett ist gut und wir verstehen uns super. Wie sieht's bei dir aus? :-D

4:11

Ave mea frater, multus ebrius sum. Ubi es et ut vales?

4:15

Ich bin ja schon gewohnt, deine besoffenen SMS nicht zu verstehen, aber das ist die Spitze!

13:41

Alter ... seit wann kann ich Latein? :)

4:13

ich hab jetz de perfekte idee undf zwar lass ich mir nen schnurrbart wachsen! aber einen richtig pompösen weißt du woe ich meine?? beste grüße!

4:18

Ich habe keinen blassen Schimmer, wer du bist und was du von mir willst, aber falls du mich kennen solltest: Bitte schick mir unter der Woche keine SMS mitten in der Nacht!!!

4:16

Hi, hab deine Freundin bei A. abgegeben, da du ja geschlafen hast und die Tür nicht öffnen wolltest. Ruf dann mal A. an, falls du wach werden solltest. K. erwartet dich dort. Hat kein Handy, Schlüssel hattest du ihr abgenommen, Geld hat sie auch nicht mehr. Ganz liebe Grüße und weiterhin eine gute Nacht.

4:17

Du meldest dich nicht weil: a) Du hast keine Lust mehr auf mich. b) Ein anderes Mädchen ist im Spiel. c) Du bist einer türkischen Frau versprochen. d) Deine Freunde/Eltern haben etwas damit zu tun. e) Sonstiges. PS: Einfacher kann ich's dir nicht machen, schreib einfach einen Buchstaben zurück!

4:19

Oh Gott, wir sind grad in 'nem Club. Da ist einer das Obstwasser geplatzt. Also einer Schwangeren. Nee, halt, das heißt doch gar nicht Obstwasser ... Obstsaft. Nee. Fruchtwasser? Ha! Fruchtblase, jetzt hab ich's. Kannst dir nicht vorstellen, wie lange ich an dieser SMS schreibe

4:25

Oje, in der Zeit ist das Kind wahrscheinlich schon geboren worden, getauft und hat seinen Uniabschluss in Medizin gemacht :-)

4:21

Kannst du mir mal erklären, warum dieser Blödmann nicht mit zu mir ist? Ich war verzweifelt und angetrunken. Was will man mehr!?

4:23

Mama, wirst du abgeholt, oder soll ich dich holen?

4:27

keine ahnung , keine zeit. ich hdipef nwkao !

4:31

Es tut mir weh zu wissen, dass meine Mutter auf besseren Partys ist als ich.

4:24
Mein Kreislauf hat 'ne Acht :-(

4:26
Hi. Hab das Gummi in den Briefkarten geworfen. LG M.

4:26
Hi du, so, jetzt muss ich auch auf's Klo. Wo biste denn und wo sind überhaupt die Toiletten?

4:38
Süße, ich weiß ja nicht, wo du bist, aber ich bin seit 3 Stunden zu Hause :-*

4:27
Wo bist du denn? Ich lieg hier in deinem Zelt.

4:32
Mein Zelt?! Scheiße, ist ja gar nicht mein Zelt hier und bei genauerem Betrachten bist das da auch nicht du ... Bis gleich!

4:27

D., wo bleibst du? Wenn du nicht in 10 min beim Auto bist, fahr ich ohne dich!

4:29

Schmus grad. Die ist saugeil. Was ist mit einer für alle und dem Scheiß?

4:34

Nachricht des Tages: Wir leben in einer Demokratie. Wenn die Mehrheit da ist, wird gefahren. Sind nun ohne dich auf dem Heimweg. Schönen Abend noch!

4:30

Der sucht die Kugel seines Nippelpiercings … Wie sage ich ihm, dass ich sie verschluckt habe?

4:31

Hey, ich lieg grad so wach in meinem Bett und denk darüber nach, warum nirgends tote Tiere rumliegen. Ich mein, die sterben doch auch und bleiben irgendwo liegen. WO SIND DIE??? Sorry, wenn ich dich wecke, aber das macht mich grad echt fertig … Gute N8

4:31

Falls du Unheil anrichten möchtest: C. hatte was mit A., während sie mit S. zusammen war ;-)

4:32

Ich hab keine Ahnung, wo ich bin und was ich hier mache, aber ich hab meine Hose an und das beruhigt mich.

4:32

Hallo, wollte nur mal hören, ob alles gut ist und du nicht schwanger bist ... Gruß

9:00

Hab euch beide schon zum Baby-Schwimmen angemeldet.

4:33

Was willst du von mir? Du rufst 50 Mal an und deine dämliche Freundin kann nur „Hallo? Hallo!" sagen. Ich muss morgen früh raus. Wenn deine Freundin noch was anderes sagen kann außer „Hallo", dann stell sie mir morgen vor, ansonsten lass mich verdammt noch mal schlafen!

4:34
Wer ist noch da? Weil man sollte sich genau überlegen, was man noch tut, wenn man mit einer Käsestange, belegt mit Schinken, im Bad sitzt.

4:35
Und biste noch auf der Party?
8:54
Ja.
8:55
... Ah nee, bin im Bett.

4:36
hallo mama sorry fr die kaputte vaase, aber wir warn btrunken, denn nur so lernt ma heutzutag mädhen kennn.. denn di welt ist grau und triste

4:36
Zahle Finderlohn für meine Hose.
4:43
PS: Zahle extra Bonus für trockene Socken!

4:36
Montagmorgen, ich lieg besoffen im Straßengraben und schreib in 4 Stunden Abi. Hilf mir mal ...

4:38
Welche Straße?

4:42
Was für 'ne Straße?

4:37
Ihr denkt wohl, ich hätte nicht gemerkt, dass ihr mir am Ende nur noch alkoholfreies Weizen eingeschüttet habt!

5:12
Stimmt schon, aber dass du dir am Ende die Kippen nur noch mit Tee(!) gedreht hast, ist dir nicht aufgefallen :-D

5:14
Ist echt geil, so Freunde wie euch zu haben.

4:37
Alter, wen hast du da bitte abgeschleppt? Da hättest du auch Mettwurst mit nach Hause nehmen können. Lol :-D

4:37
Und, haste den geilen Typen mitgenommen? ;-)

4:38
Ja!

15:24
Im Bett 'ne Null, aber den Frühstückstisch deckt er wie 'ne Eins! ;)

4:40
Ey, ihr sagt mir aber schon Bescheid, wenn ihr heimfahrt?

9:12
Und ich hatte noch gesagt, irgendwas fehlt.

4:42
Hab meine Kaugummis gefunden. Jetzt können wir knutschen! :-)

4:42
Scheiße, Mann, lieg hier zwischen 4 Mädels im Bett und habe kein Kissen. Mein Leben ist beschissen.

4:47

Ich habe mir heute ernsthafte Gedanken über meine Zukunft gemacht ... ich will studieren ..., Psychologie oder Jura. Ich bin mir noch nicht sicher ...

4:49

Ist Jura nicht der russische Name für Jürgen? :-D

4:52

Jaa, Jura ist ein russischer Eskimo. Er lebt in einem Iglo in Spanien.

4:53

Hey, ich hab deinen Schlüssel für den Briefkasten in den Briefkasten geworfen.

4:53

Habt ihr eigentlich noch Stress bekommen wegen dem Typen? Hab nur gesehen, dass du dich mit seiner Mutter unterhalten hast. Aber die sah gar nicht amused aus :-D

5:13

Na ja, die war nicht amused, weil ich dachte, dass sie sein Vater ist ...

4:53
Ich wollt dir gerade 'ne SMS schreiben :-)
Erzähl ich dir dann gleich.

4:54
Ey, ich hab grad einem Penner 2 Euro gegeben, dass er mit mir auf die S-Bahn wartet und sich mit mir unterhält …

4:57
Hey Süße, hab gerade B.'s Freundin kennengelernt. Ist 'ne Hässliche, aber sehr nett.

5:02
Du magst die eh nur, weil sie dumm ist. :-D

5:05
Nein, das ist der Grund, weshalb ich dich mag. Ich mag sie, weil ich ihr mit meinem Wissen über die Geheimnisse ihres Freunds überlegen bin :-D

4:57
Ich liebe dich :-*

5:01
Nee, sorry, meine besoffenen Kollegen haben Scheiße geschrieben.

4:59
WO IST MEIN ZEHNSEITIGER DEUTSCHAUF-SATZ?! Mit euch darf man echt keine Party feiern!

5:02
Mein T-Shirt hat mein Bier getrunken.

5:02
hab grad jemand mit ner zitrone beworfen und bin dann umgefallen, sehr geil!

5:02
Frohes Neues! Scheiß Silvester mit Paaren. War'n nur 4 Singles da … Die meisten pennen schon … höre die neben mir im Schlafsack rummachen … bin genervt … gehe jetzt rauchen

5:07
Hier geht immer noch voll die Wurst ab! Wieso hast du keinen im Schlafsack? :-)

5:10
Alles wieder ok … hab unterwegs ein Baguette gefunden … die Welt ist wieder in Ordnung!

5:05
Wenn ich morgen keinen Kater hab, dann hab ich 'ne Leber aus Stahl, Alter :-D

14:07
Ich hab eine Leber aus Stahl!

5:09
Hey Süße, kann ich bei dir schlafen? Hab mich ausgesperrt.

5:11
Ja klar, gerne ;-) Mein Freund meinte grade, er freut sich schon :-)

5:12
Wenn das die Lösung für mein Problem ist, hätte ich gerne mein Problem zurück!

VII 5:15 bis 9:10 Uhr
Ich hatte Sex (glaub ich)

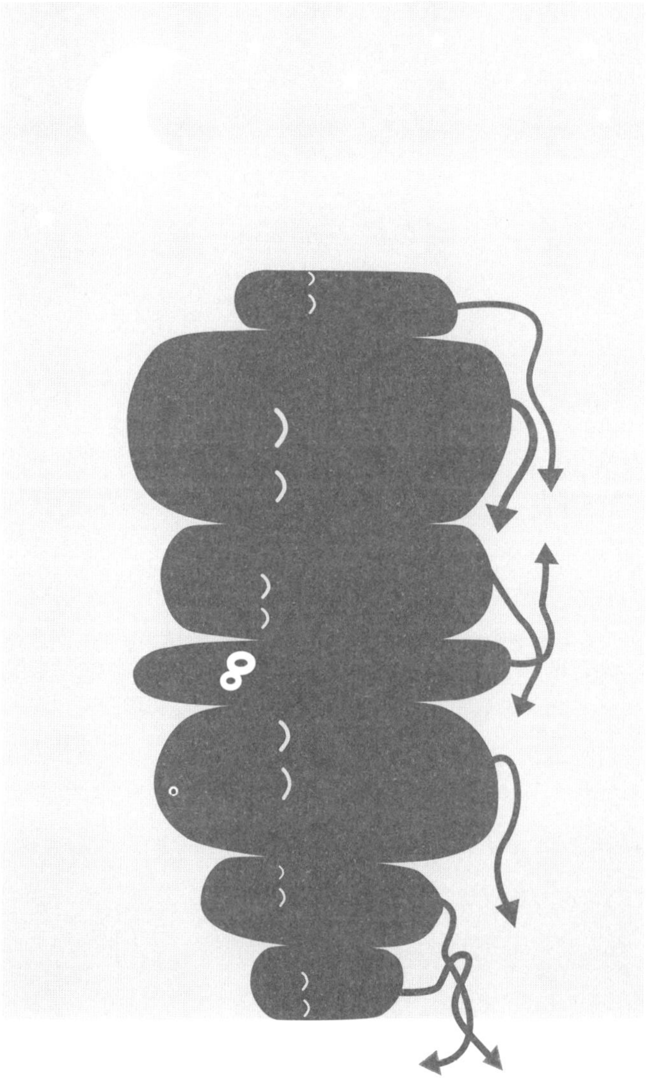

5:15
Hast du dir die Nummer von dem Schnapslaster gemerkt, der mich gerade gerammt hat?

5:15
Ich bin auf der Party eingepennt, und als ich aufwache, waren wir nur noch zu 5. W. macht mit dem einen Kerl rum und N. mit dem anderen …

5:19
Und was machst du jetzt?

5:21
Mit 'nem Stück Schnur und der Katze spielen.

5:16
Bin beim Fahrradfahren eingeschlafen und mit voller Wucht gegen eine Mauer gefahren. Bin gleich zu Hause.

5:17
Ist dir eigentlich klar, dass wir Deutschlands künftige Bildungselite und Zukunft sind? Bin grad bei McDonalds rausgeflogen, weil ich denen auf'n Tresen gekotzt hab.

5:17

Du hast mich gestern angerufen, weil du eine Mitfahrgelegenheit von Berlin nach Leipzig (10:00 Uhr) gesucht hast. Sorry, aber ich muss dir leider sagen, dass es doch nichts wird.

7:30

Ach so ok, schade. Was ist denn passiert?

8:12

Na ja sagen wir mal so: Anstatt in Berlin aufzuwachen, wurde ich gerade vom Fahrer der S-Bahn aufgeweckt und habe gemerkt, dass ich bis Potsdam durchgefahren bin. Hab noch geschätzte 1,5 Promille und alles dreht sich ... Du könntest nach Leipzig mitkommen, müsstest dann allerdings selbst mit meinem Auto fahren.

5:19

Mann ey, ich kann nicht pennen! Hier dreht sich alles ...

5:22

Stell einfach 'nen Fuß auf den Boden. Dann bremst du ;-)

11:45

Ich dachte echt, du willst mich verarschen, aber das „Bremsen" funktioniert wirklich :-D

5:20

Aaaaaaah was geht?! Wo bin ich?! Aaaaaaa-aaah, aaaaaaaaaaaah, Aaaaaaaaalter Faa-aaaaaaalter ... Ooooooooooh!

10:13

Gut, dass ich das Handy vorsorglich ausgemacht hab.

5:20

Hot as hell ... du bist so dumm. Wieso hast du dich von dem nicht abschleppen lassen? Morgen ist er wieder in Berlin. Hab ich dir nix beigebracht? Damit zieh ich dich dein Leben lang auf. Haha ...

5:23

Hey Süße, bist ja gut abgegangen vorhin ... Hoffe wir seh'n uns bald wieder ;-)

5:30

Danke, du warst aber auch nicht übel ;-). Ach übrigens, ich heiße Julian

5:27

Tsts, mich als Schlampe bezeichnen und dann selber abschleppen! :-D

5:31

Abschleppen lassen, wenn ich bitten darf! ;-)

5:27

Wo bist du? Du gehst doch heute Snowboard fahren, der Bus fährt in 45 Minuten! Wo bist du??? Bussi, Mama

5:30

Ähm, Bus fährt um Viertel vor 8 und ICH bin daheim. WO bist du?

5:45

Mist, wo bin ich?

5:29

Hey alta. glaub schaff das nicht. ich glaub ich hab ein problem. ich schaff das morgen nicht weil die liebe ist nicht mehr. aber freunde geht. mit sex. auch anal

9:33

Ich bin mir sicher, dass du die SMS vollkommen nüchtern und wohl überlegt verfasst hast. Stell bitte baldmöglichst eine fernmündliche Kommunikation mit mir her. Vermutlich bist du sowieso schon lange wach und in ein gutes Buch vertieft. Herzlichen Dank.

5:30

Sie hat Puls und Brüste, das ist mehr, als ich erwarten kann!

5:32

What shall we do with your drunken brother, what shall we do with your drunken brother, what shall we do with your drunken brother early in the morning?

5:34

Ihm sagen, dass er nicht vor meinem Fenster stehen und „What shall we do with the drunken sailor" singen soll. Und wenn ihr schon dabei seid, könntet ihr vielleicht auch damit aufhören? Es gibt auch Menschen, die schlafen wollen um diese Zeit! Danke.

5:34

Scheiße, ich hab meinen BH und Slip bei dir vergessen!

6:01

Hier liegen noch ein paar mehr, sag mal wie deine Sachen aussahen.

5:38

Wär nett, wenn du dich beeilen würdest. Mir ist arschkalt, ich werd nüchtern und stehe quasi vor deiner Tür.

5:41
Boah ... ich dachte, das Vogelgezwitscher sei minimal!

5:44
Oh Gott, der will keinen Sex, der will mich kennenlernen! Wie werde ich ihn los?

5:45
Ich weiß nicht, was das zwischen uns ist, hab das Gefühl wir müssen reden. Was meinst du?

6:01
Ja, denk ich auch. Am besten jeder sagt mal, was er so für den anderen fühlt und empfindet, okay?

6:05
Du fängst an :-D !

5:47
Deine Freundin ist doch gar nicht so schlecht im Bett :-)

6:00

Nettes Spielzeug hast du im Bett liegen!

6:06

Ja, viel Spaß damit, ich brauch noch ein bisschen …

6:02

Kannst du mir mal erzählen, wie ein verfickter Specht um die Uhrzeit auf die Idee kommen kann, statt auf seinem Baum auf einem Mülleimer (!) rumzuknattern? Und ich bin erst mal noch 10 Minuten liegen geblieben, weil ich dachte, das wär mein Kater von gestern Abend!

6:09

So wie es aussieht, habe ich gerade eine eierausbrütende Katze gefunden.

6:11

Ich hatte Sex (glaub ich).

6:21
Scheiße. Hatte Oma am 9. Februar Geburtstag? Das ist ja schon 11 Tage her und du hast mir das doch erst diese Woche gesagt.
6:26
Heute ist Januar. Guten Morgen.

6:30
Hey mach die Tür auf und gewähre mir Obdach. Ich bin bedürftig! Ich klingel gern noch weitere zehn Minuten Sturm!
6:35
Dir ist schon klar, dass ich vorhin mit den Worten „Ich gehe jetzt zur Arbeit, mach'n Abgang" die Wohnung verlassen und an dir vorbeigekommen bin, oder?!
6:45
Ach, das warst du. Hast im Halbdunkel ausgesehen wie 'ne alte Frau mit lichtem Haar …

6:30
aldo i war vor knapp 11.15 mit huhn
12:30
Was wolltest du???
12:32
Sollte heißen: Also ich war vor einer Viertelstunde daheim.

6:33

Roter Häuptling in Stellung!

6:34

Adlerauge schwingt sich auf's Ross, hatte noch Diskussion mit dem Stammesführer, ging um den Zustand meines Tipis.

6:37

Ich find meinen linken Schuh nimmer und mein linker Socken ist klitschnass und im Schnee sind nur Spuren von einem Schuh und daneben Schleifspuren.

6:38

das war der geilste tag meines abends!

6:41

Es ist total verrückt wie schnell man sich verlieben kann. OMG ich bin so glücklich! :-)

12:13

Vergiss, was ich geschrieben hab, das war der Alkohol. Hab mich entliebt, als ich nüchtern wurde.

6:42

Am Montag esse ich eine Banane auf dem Weg zur Arbeit … Für meine mich liebenden Bauarbeiter.

6:43

Hi! Hab ich echt gestern zum Kellner „Ich liebe dich“ gesagt?

6:45

Nach dem Kuss musstest du irgendwas sagen.

6:46

butterkäse ist viel wert und aaalter, wir haben noch kühl im bierschrank!!!

15:25

Warst du dreiviertel 7 noch wach??

15:29

Ich glaub das war und ist mein geringstes Problem.

6:46

Meine liebe Tochter, wo bist du?!

6:50

Hä, im Bett daheim? Oder???

6:46
Guten Morgen, wie geht es euch? Alles ok? Mama

22:32
Hallo Mama, bitte schick mir nie wieder so früh 'ne SMS. Ich hab noch geschlafen und du hast mich geweckt! Uns geht's gut, wie ist's bei euch?

22:37
Bitte SMS nicht so spät schicken! Hab auch schon geschlafen. Hier ist alles ok. Gute Nacht!

6:59
Oh Mann, es fühlt sich so schlecht an, die eigene Kinderärztin anzulügen, wenn man auf 'nem Pony sitzt.

7:00
Was war los, warum rufst du mich um 4.30 Uhr an und gehst dann nicht mehr dran, wenn ich dich zurückrufe? Ist was passiert? Sollte ich dich abholen?

14:30
Sorry, ich hatte Bock auf Sex, hab mich dann aber, wie's aussieht, doch für 'nen Döner entschieden.

7:12
Du hattest doch recht, die fühlt sich definitiv anders an, als sie aussieht.

7:12
Ich glaube, sie wollte das gar nicht. Sie meinte nur, ich kann bei ihr nach'm Saufen auf der Couch pennen.

7:15
SIE HAT KEINE COUCH!!

7:13
Lauf! Dein Bus!! Schneeeell!!!!

7:15
... und während ich das gelesen hab, ist der Bus an mir vorbeigefahren, du Arsch.

7:14
Soll ich heiraten?

7:16
Nö. Immer noch in fabulous Vegas?

10:56
Zu spät ... :-D

7:14

Kennst du das, wenn du an einer Baustelle stehst und die Geräusche von den Baggern dich zum Mitwippen bringen? Ich groove hier immer noch rum. Alter, das ist Industrial live! :-)

7:14

Ich glaube, ich hab einen Blow-Job bei dir vergessen. Kann ich rüberkommen und ihn mir abholen?

9:49

Ich hab ihn deinem Bruder gegeben, der gibt ihn dann dir.

7:20

(Musikfestival mit Zelten) Scheiße, ich check's nicht. Ich lieg in 'nem Bett! Hä?

7:22

Wo bist du???

7:28

Keine Ahnung, wo ich bin! In einem Bett! Aber ist 'ne geile Wohnung.

7:30
Hab auf dem Heimweg grad ’ne Ente gehört. Musste sofort überlegen, ob sie die anderen Enten vielleicht nach Brot gefragt hat!

7:34
Schatz? Willst du mir erklären, wieso C. mich fragt, warum dein Name auf seinem Arsch steht?

7:38
Willst du mir erklären, wieso du auf C.’s Arsch schaust?

7:42
Touché. Ich liebe dich.

7:35
Hey, du hast gestern cool gedanced :-D

8:44
Nee, hab versucht zu stehen …

7:36
Wer hat gestern die zwei 100er Packungen Tampons meiner Schwester im Badezimmer der Reihe nach aufgestellt?!

7:38

Ich hoffe, du weißt, dass du mit vorletzter Nacht wieder schlafende Geister geweckt hast.

7:42

Und ich hoffe, du weißt, dass du mit dieser SMS gerade einen schlafenden Studenten geweckt hast.

7:43

Oh Mann! Habe mir gerade Haarspray unter den Arm gesprüht ... Ich hoffe, der Tag geht gut weiter!

7:45

Ich wusste gar nicht, dass du das nötig hast, Süße – dachte, du trägst Glatze :-D Bis gleich!

7:45

Hast du mich heute Nacht eigentlich oder hab ich das nur geträumt???

7:47

Sorry, hab „angerufen“ vergessen :-)

7:45

Ich bin so um 4 daheim angekommen und hatte dann Lust, einen Schneeengel im Garten zu machen ... Anscheinend bin ich eingepennt, denn aufgewacht bin ich vom Schrei der Nachbarin, die anscheinend dachte, da liegt 'ne Leiche im Garten!

7:46

Scheiße Mann, habt ihr mich gestern an diesen Laternenpfahl gebunden? Wenn ja, habt ihr mich vergessen, wurde eben von zwei Polizisten losgemacht. Ich hab hier 'nen Zahn in meiner Tasche, ist das deiner? Boah, hab ich Kopfschmerzen ... Ich such erst mal 'n Klo

7:46

Alter, ich versuche grad T. davon zu überzeugen, dass im Gäste-WC kein Bett steht und er die Tiefkühlpizza nicht in der Sonne brutzeln kann. Schon gar nicht um die Uhrzeit. Komm vorbei, ich sterbe gleich vor Lachen!

7:53
Jetzt weiß ich, an wen mich der Typ erinnert hat :-) Prinz William!
7:55
Ja A., du hast mit einem Prinzen geknutscht, jetzt schlaf :-D

7:55
Hallo, brauchst kein Frühstück mitbringen. Ich hab heute Geburtstag und besorg alles dafür.
7:57
Ok, bis gleich.
8:13
Bring bitte doch was mit. Hab erst morgen Geburtstag.

8:00
Als Kind hab ich mir immer vorgenommen, wenn ich erwachsen bin, sehe ich aus wie Barbie.
8:05
Oh, da biste aber weit am Ziel vorbeigeschossen.

8:00
Heute geschlossen wegen gestern.

8:03
Ey, wer hat einen Riesenpenis aus Steinen auf den Parkplatz gelegt? Mein Nachbar wollte grad einparken und musste den dann erst mal wegräumen :-)

8:07
Bin gerade im Supermarkt an der Kasse gewesen und hinter mir stand 'n Mann mit 'nem Einkaufswagen, in dem er seine 2 leeren Tüten noch drinhatte. Die Kassiererin: „Einma' anheben, bitte" – der Typ guckt mich voll verwirrt an und hebt den Einkaufswagen an anstatt der Tüten. :-)

8:12
... danke, war gerade am Zähneputzen und wär fast vor Lachen an der Mischung aus Zahnpasta und Sabber erstickt!

8:10
Nooooooo! Montagmorgen, ich sitze auf der Arbeit und will pennen!

8:17
Yeeeeeeeeeeeeeeeeeeeeeees! Montagmorgen, ich liege im Bett mit 2 nackten Mädels. Danke Gott, dass ich Student werden durfte!

8:12

Was 'ne Nacht. Ich bin grad im Zug mit 'ner Flasche Strohrum im Arm wach geworden und ich glaub, ich bin in Frankreich.

8:14

:-D Saugut!

8:37

Ja, ich bin tatsächlich in Frankreich. Sitze jetzt in Straßburg am Bahnhof und neben mir eine komische französische Frau, die mir seit 'ner Viertelstunde irgendwas vorlabert, was ich nicht versteh. Hier riecht's nach Hunde-AA, ich mag nach Hause.

8:14

Wer zum Teufel hat mir mit wasserfestem Edding eine durchgehende Augenbraue gemalt? Ich muss jetzt zur Konfirmation von meiner kleinen Cousine! Ihr Penner!!!!!!

8:16

Falls es dich interessiert, ich habe meinen Tanga falschrum an und habe meinen Chef grade sehr höflich mit „Hi, na?“ begrüßt. Ich trinke nie wieder.

8:29

Plan für gestern: Ich trink nicht so viel. Ergebnis heute Morgen: Ein fremder, aber gut aussehender Typ in meinem Bett :-D Ich liebe meine Konsequenz.

8:34

Oh Gott, ich dachte grad, dass ich mich doch in ihn verliebt hätte, aber es stellte sich raus, die Schmetterlinge im Bauch waren nur ein Anzeichen für Durchfall. Puh! :-)

8:35

Alsooo, wie war das? Die beiden sind jetzt wieder zusammen, sie verarscht ihn, er weiß das und verarscht jetzt sie, was sie wiederum nicht weiß ... Nebenbei hasse ich sie und liebe ihn ... Geniale Beziehungskonstruktion.

8:38

Warum habt ihr mich heut Nacht am Bahnhof abgesetzt?

9:19

Wir haben dich vor deiner Tür abgesetzt!

9:21

Und warum bin ich dann am Bahnhof?

8:43
Warum bist du schon abgehauen?

8:46
Mist. Ich hatte gehofft, dass du es vergessen hast.

8:46
Ich hasse dich immer noch!

8:49
Tust du nicht, denk dran, was der Taxifahrer gesagt hat. Der hatte Ahnung vom Leben.

8:50
Hey J. Ich glaube, ich habe dich im Taxi gesehen, warste auch voll geil auf'm Kiez feiern oder was ist los? Wo bist du? Was machst du?

9:01
Ich schlafe und ich bin in Dänemark!!!

8:53
Weiß jemand, ob man Plastik in die Mikrowelle legen kann und Pilzsuppe aufwärmen darf? Wäre ziemlich wichtig, da ich jetzt vor der Mikrowelle stehe!

8:54
Ohrwurmattacke! „Everybody was Kung Fu fighting! Didididi didididi didi di" :-)

9:06
Ohrwurmkonter! „Yummy, yummy, yummy, I got love in my tummy and I feel like I am lovin' you" ;-)

9:14
Ok, du hast gewonnen.

8:54
Erfahrungsbericht: Du solltest zweimal duschen. Einmal mit dem Gefühl „Yeah, alles ist ab!" und dann nochmal, wenn deine Freundin dir sagt, dass du effektiv noch überall grün bist.

8:55
Hey F. Sorry, aber ich hab geschlafen. Was war denn los? LG U.

12:12
War total voll im Park, keine Ahnung, warum ich dich angerufen hab.

12:13
Ich hab's gemerkt. Du hast nicht gecheckt, dass du mit meiner Mailbox geredet hast ;-)

8:55

Och Mutter, du hast mir statt Bionade Bier mit in die Schule gegeben.

8:56

Fuck ... schon wieder neben S. aufgewacht. Die Sache ist so, Vernunft vs. Libido – der ewige Konflikt. Nüchtern hat's die Vernunft voll drauf, aber betrunken und im Bett ist er blöderweise auch gut. Trotzdem würd' ich grad wieder gern sterben, wie jeden Morgen danach. Hoffe, er bringt mich wenigstens noch heim.

8:57

Motivier mich mal, in die Uni zu kommen ...

9:02

Ich lieg im Bett! :-D

8:57

Ich hoffe, du kannst dich noch an unseren Kuss erinnern.

12:00

Ja, einer der wenigen Momente, die ich leider noch weiß.

9:00
Wie sind wir gestern heim gekommen?
11:30
1. Wie kannst du um 9 Uhr schon wach sein?
2. Dasselbe wollte ich dich auch fragen.

9:00
alter, niemals besoffen rasieren! hab ne halbe stunde versucht, mich mit der kappe aufm rasierer zu rasieren

9:00
Ich glaub, ich bekomme grad den Kater, den ich seit 3 Tagen verdiene.

9:02
Erwartest du, dass ich um halb 7 rangehe?!
13:46
Erwartest du, dass ich um halb 7 noch die Uhr lesen kann?

9:04
Hab mich grad unter der Dusche sowas von erschreckt, als ich gemerkt hab, dass ich noch Socken anhab. Es lebe der Restalkohol!

9:05

Schalt mal den Fernseher an. Ich finde, der Typ vom Tigerentenclub sieht saugut aus!

9:10

Schalt das Ding aus und schlaf weiter! Mal gucken, ob du den heute Mittag immer noch süß findest!

9:07

Wie hieß der Typ nochmal, der gestern sagte, er bringt meine Katze zum Chinesen? Hast du seine Nummer?

9:15

Das war C. und ja hab ich. Warum? Stehst du auf ihn? :-)

9:20

Nein, aber meine Katze ist weg!

9:10

Bitte erschieß mich :-/ Ich war gestern Nacht so betrunken, dass ich ihm 'ne SMS von L.'s Handy aus schicken wollte, und als ich gemerkt hab, dass ich seine Nummer nicht auswendig kann, hab ich die SMS einfach an meinen Ex geschickt, weil das die einzige Nummer ist, die ich kann.

VIII 9:11 bis 11:50 Uhr

Weißt du, wie man 'ne Latexallergie erkennt?

9:12

Ich hab Hannas Handy.

9:15

Ich hab Hanna.

9:12

Kennst du die Filme, in denen die Leute morgens aufwachen und 'n Tattoo haben?

9:14

Danke für's Wecken :-(Ja, warum?

9:17

Willst du 'n Film mit mir in der Hauptrolle drehen? :-S

9:12

Wer war gestern alles da? Und wer hat mich gesehen?

11:18

Alle und auch alle.

11:20

Mist.

9:14

Warum zur Hölle bin ich auf der Arbeit aufgewacht ... ?!

9:16
Süße, hoffe, du weißt, wo du bist. Falls nicht: du liegst in meinem Bett. Bin im Garten, kommst du auch raus? Ist schönes Wetter.

9:35
geht nicht, bin nackt

9:37
Warte, ich komm rein.

09:17
Dem Ergebnis frohe Ostern! Der Erzeuger

14:47
Danke, Paps!

9:17
Hier gibt's ein paranormales Phänomen – das Erdgeschoss ist weg …

9:17
Oh Mann, ich liebe ihn. Er ist so sexy.

10:12
Er ist zu alt für dich. Er könnte dein Vater sein, und so wie ich deine Mutter kenne, ist er's wahrscheinlich auch.

9:21

3 Astra, 1 Sekt Aperol, 1 Wodka Melone, 1 Cola Rum, 4 Sambuca, 3 Holys, 1 Wodka Apfel ... Die Chroniken des mittwöchlichen Absturzes! Alles mit den Spaniern ... Ich war um 4 Uhr zu Hause! Woopwoop!

9:52

Ich weiß grad nicht, was mich mehr erschüttert: die Tatsache, wie viel du getrunken hast, oder die Tatsache, dass du noch alles aufzählen kannst.

9:25

Lieber Mitbewohner, ich habe dein verlorenes Liebchen bei mir im Bett gefunden. Bitte hole sie doch bis 12 Uhr ab oder entsorge sie artgerecht. Besten Dank!

9:27

Tut mir leid, wir können nicht mehr befreundet sein. Ich hab ein Ameisenbaby gefunden, das muss ich die nächsten 5 Jahre pflegen, weil die Mutter es nicht mehr will.

9:30

Sohn, lebst du noch? Wenn ja, wo?

9:30
Kater???
9:41
Kater Karlo???
9:42
Ok, du bist noch betrunken …

9:31
Es ist wieder mal so weit für meine monatliche Rund-SMS! Aufgepasst: Wir sind nicht schwanger! Jippie!

9:32
Shit, bin wohl grad neben 'nem Studenten aufgewacht. Kannst du mich abholen?
9:35
Klaro Süße. Wie kommst du drauf, dass er Student ist?
9:39
Im Wohnzimmer pennen noch zwei Besoffene und im Kühlschrank hat's nur Bier, Vodka und 'ne Tube Senf. Warte in ca. 20 min beim Bäcker neben der Sporthalle auf dich.

9:33
Jo, wie war meine Party? XD

9:34

Die ganze Zeit, die wir Sex hatten, hat sie immer wieder gesagt: „Dafür komme ich in die Hölle!“ Wusste nicht, was ich darauf sagen sollte, und hab ihr einfach zugestimmt.

9:34

Hey, es tut mir alles so leid wegen gestern Abend. Saupeinlich – bitte vergiss dass.

9:40

Du hast mir gestern versprochen, dass du dich heute nicht entschuldigst!

9:39

Hallo Leute, die Party gestern war sehr lustig. Aber könnte jemand den Köter aus meiner Badewanne abholen? Der sitzt hier und knurrt mich an.

9:42

Hey J., hast du Bock, mit nach C. zu fahren?

9:43

Hallo, J. schreibt gerade eine Klausur. Der Mathelehrer

9:53

Morgen. Du, mal 'ne Frage. Weißt du, wie man 'ne Latexallergie erkennt?

9:58

Oh Mann, meinst du, ich werde auch mal so 'ne Oma, die mit 'nem grottenhässlichen Hausanzug, zerzausten Haaren und ohne Zähne vor die Tür geht? (Hab ich grad gesehen und musste drüber nachdenken. Ist einem das im Alter egal?!)

11:01

Wenn du weiter so lebst wie jetzt und so viel rauchst und trinkst wie jetzt, wirst du nie so alt. Also mach dir keine Gedanken ;-)

9:58

Und der Oscar für die beste Nebenrolle in deinem Leben geht an: Bier!!!

10:02

Ich danke allen Brauereien!

10:00

Ich habe euch erlaubt noch ein wenig in meiner Wohnung zu aftern und nicht den Abriss des Todes zu veranstalten ... Wer kam denn auf die bescheuerte Idee, alle Möbel umzudrehen?

10:00

Ich hab nicht viel getrunken gestern! Wieso zur Hölle kann ich mich an nichts erinnern?

10:15

Ganz einfach: Du hast dich in die Ecke gesetzt, den Kopf auf deine Knie gelegt und geschlafen.

10:03

Sag mal, hat da irgendeiner von euch mit seinem Drecksmaul an meiner Flasche getrunken? Die ist total verklebt.

14:41

AUF GAR KEINEN FALL AUS DER FLASCHE TRINKEN! ERKLÄR'S DIR SPÄTER!!

10:03

Wo bist du?! Du bist doch gestern um 10 von der Party weg, um heute früh mit mir in die Bibliothek zu gehen!?

14:35

Als ich aus der Bar lief, traf ich drei 40-jährige Frauen, die meinten, einen nehmen wir noch. Da ich nüchtern war, dacht ich, einer kann nicht schaden. Um 3 Uhr war ich sturzbetrunken auf 'ner Ü30-Fete und auf dem Nachhauseweg traf ich wieder die Leute von der Party. War ein Versehen! Sorry.

14:50

Und sowas wird vielleicht mal meine Anwältin.

10:03

Hey, mir ist langweilig. Hab mir gedacht, wir könnten vielleicht schreiben. LG B.

10:05

Jawoll, erstens weckst du mich aus'm Rauschschlaf und zweitens schreib ich liebend gern mit meiner Ex-Freundin, die mich nur verarscht hat, peace!

10:06

Also, eher nicht so?

10:04

OMG ... wo und wie kann ich das zwar außerordentlich hübsche, aber auch unfassbar stinkende, restalkoholisierte Weihnachtsgeschenk umtauschen, das neben mir im Bett liegt und heute Morgen um 5 völlig hacke vor meiner Tür stand? Mein Zimmer stinkt wie ein Schnapsladen und P. auch. Frohe Weihnachten.

10:10

Mann, war das gestern scheiße. Hab mich gerade in der Dusche erst mal bei meinem Penis entschuldigt :-D

10:14

Guten Morgen. Und, wie war's?

10:19

Keine Ahnung, irgendwas bewegt sich in meinem Bett, hab mich noch nicht umgedreht ...

10:16
Hab noch genau 7 Euro und 23 Cent, dafür 'ne stylo Mütze, 'nen Schal, 'ne Brille und 'nen Kater. Zudem hätte ich beinahe mein Handy auf den Boden geschmissen, da meine Boxershorts keine Hosentaschen haben :-D

10:17
Ähm, kannst du mir erklären, wieso ich Deutschland-Schminke an meinem Ding hab?

10:20
Hab schon wieder 'nen Typen abgeschleppt. Sind gerade aufgewacht. Problem ist: Kein Plan wie er heißt und wie der Sex geendet ist. Ergo bin ich einfach eingepennt gestern!?

10:25
Hab 'nen Termin beim Frauenarzt für dich ausgemacht.

10:20
Ich zerstückele grad auf sadistische Weise 'ne Leber und musste an dich denken :-)

10:21
Kannst du dich noch an was erinnern von gestern?!
10:24
Wir sind hingefahren und irgendwann wieder heimgefahren. Dazwischen war nichts. Oder?!

10:23
War nett! ;-) Meine Kacke liegt noch bei dir. Kannst du mir die bitte zuschicken?
14:11
Ich schätze, du meinst deine Jacke. Ja, kann ich.

10:25
Komm mir mal die Tür aufmachen, hab mich beim Rauchen ausgesperrt, es schneit!
10:27
Alter, wir haben gerade Vorlesung.
10:27
KAAALT!

10:33
Mann, hab gestern im Vollsuff ein Taxi genommen und hatte kein Geld. Hab dem also meinen Perso gegeben, wollte Geld holen, dachte, das sei ein Traum, und bin schlafen gegangen.

10:33
Ich glaube, meine Berufschancen als Nonne stehen ziemlich schlecht ...

10:39
Ach so? Dann komm doch mal runter und erklär uns wieso. Dein Vater

10:34
Oh oh, mein rechter Hoden ist weg?!

10:37
Wunder dich nicht, dass hier alles nach Scheiße riecht!

10:40
Ich will es gar nicht wissen ...

10:37

Junge. Du solltest auf mich und mein Handy aufpassen. Weißt du, wie viele SMS ich schon wieder geschrieben hab?

10:41

Als du versucht hast, auf der Rückseite von deinem Handy zu tippen, und meintest, dein Display wär kaputt, hab ich dich gefragt „Ist das jetzt der Zeitpunkt, wo ich dir das Handy abnehmen soll?" Du hast zwar ja gesagt, aber keine Chance.

10:37

Hey, na? War toll mit dir gestern ;-)

10:40

Ja, müssen wir unbedingt wiederholen.

10:43

Oh ja, und dann fängst du an wie gestern von oben nach unten hrr ;-)

10:45

Hä? Warte mal, wer bist du nochmal?

10:43

Küss mich mal lieber, als andauernd mit deinem Handy zu spielen ;-)

10:44

Kuss :-*

10:45
Hey S. Sorry, dass ich so spät schreibe, aber ich wollte dich fragen, ob du mit nach Stuttgart kommen willst. L. und ich fahren mit der S-Bahn um 10:50. R.

10:47
Nee, ist mir doch ein bisschen zu spontan …

10:45
Ich denke, also bin ich. Ich denke gerade: Wie bin ich hierhergekommen?

10:50
Penis.

12:46
Hab deine SMS erhalten, aber bitte schick deine Wunschliste nächstes Mal an den Weihnachtsmann, Schätzchen.

10:53
Ich bin grad aufgewacht und der Hund stand vor mir … Vor Schreck hab ich dann gleichzeitig genossen, gegähnt und Schluckauf bekommen! :-)

10:54

Hey. Was hab ich gestern noch gemacht? Heut Morgen stand der Postbote vor der Tür und hat ein Päckchen mit Topflappen von Amazon gebracht! Hab ich das bestellt?

10:55

Deine Nachbarn lieben mich. Sie gucken die ganze Zeit aus dem Fenster und fragen sich, wer die fremde Frau ist. Ich hab mal gewunken :-) Es lebe das Dorfleben!

10:57

Sie hat gestern meine Nase berührt! Absicht oder Versehen???

10:58

Heute ist der 11.1.11 und gleich ist 11:11 Uhr und 11 Sekunden. Wenn die Welt untergeht, sehen wir uns dann im Paradies?

11:15

Jaah, wo bist du? Hier gibt's Obst und alle sind nackt!

11:16

Oh Mist. :-D

11:00

Eh, ich glaub, ich hab den Döner von Freitagnacht irgendwo in deiner Wohnung versteckt!

11:01

Sei mal ehrlich, es zählt doch nicht nur das Aussehen, oder?

11:03

Nicht nur, aber du bist durch ein Übermaß an inneren Werten ästhetisch gehandicapt.

11:02

Alter, ich habe überall am gesamten Körper Lippenstiftabdrücke. Keine Spur von der Frau, aber die ist doch krank. Die muss sich ja dauernd nachgeschminkt haben. Irgendwas lief falsch.

11:02

Ich werde dir nie verzeihen, dass du gestern total besoffen meine Haare abgeschnitten hast!

12:11

Oh Gott! Sorry! Vielleicht wächst es ja schnell nach?

11:02

Ich glaub, ich hab gestern Nacht dem Taxifahrer mein ganzes verdammtes Liebesleben vorgejammert. Der Arme! Mein ganzes Gesicht ist schwarz von der verheulten Schminke.

11:07

... von wegen Taxifahrer! Ich hab dich abgeholt! Und das mache ich nie wieder!!! Du hast die ganze Zeit beim Fahren versucht, mich zu umarmen :-D Saufnase.

11:03

Geil, ich hab hier 'nen Zettel an der Windschutzscheibe: „Wie auch immer du in die Lücke reingekommen bist, ich musste den hinter mir berühren. Danke!"

11:04

Hast du es schon vergessen, J.? Nichts ist wichtig im Leben. Nichts. Nichts. Nichts ... Nichts ist bedeutsam! Das habe ich gerade eben erfahren!

11:06

War das davor ein Echo? :-D

11:04

Sagt mal, was habt ihr denn da noch alles gemacht? Bin gerade ins Wohnzimmer gekommen. Das sieht ja schlimmer aus als nach meiner Einweihungsparty! Finde ich ehrlich gesagt nicht so toll. Könnt ihr bitte heute Nachmittag zum Aufräumen kommen? Bin irgendwie sauer.

11:35

Äääh, ja. Muss dir leider mitteilen, dass du das selbst warst. Hast auf dem Tisch getanzt und alles ausgeschüttet. Wir haben das Schlimmste vermieden, und wenn wir nicht noch ein bisschen aufgeräumt hätten, als du im Bett lagst, würde es noch wüster aussehen.

11:09

Schatz, bitte sag mir jetzt, dass du eben noch neben mir lagst und ich nicht die ganze Nacht mit dem Hund gekuschelt habe?!

11:10

Mir wurde grad erzählt, dass wir gestern was zusammen hatten?!

11:45

Wurde mir auch erzählt.

11:14

Bin grad bei ’nem Typen gelandet, der leider Katzen hat, jetzt juckt einfach alles! Hab meine Strumpfhose verloren und ihm ein Hemd geklaut. Er ist eingeschlafen und hat ’ne Freundin. War am Arsch der Welt, Busfahrer hat mich geweckt. War dann direkt am Flohmarkt. Hab mir ’nen Zeitungsständer gekauft. Leider keine Hose gefunden.

11:14

Tut mir leid …

11:20

Hä? Was tut dir leid?

11:26

Nix! Bleib in deinem Zimmer und warte, bis ich bei dir bin. Die Küche räume ich auf!!!

11:15

Ich war dicht, ich hab geheult und dann war es Morgen … Will ich wissen, woher der Knutschfleck auf meinem Oberschenkel kommt?

11:15

Ich liege in einem fremden Bett. Neben mir ein Zettel, auf dem steht, er hole Frühstück. Sag mir, wer da jetzt durch die Tür kommt! Wenigstens der Geile von gestern? Hab ich den abgeschleppt?

11:20

Sag mir lieber, wie der Kerl heißt, bei dem ich mich grade aus der Wohnung geschlichen habe!

11:22

Ich liebe unsere Uni-Partys …

11:18

Ey, so alt sind meine Eltern doch noch nicht! Seit diesem Weihnachtsfest benutzen sie immerhin die Floskel „hart chillen". Es geht bergauf.

11:18

Hab grade versucht, den Edding von Silvester von meinem Arm zu schrubben, bis ich nach 5 min gemerkt hab, dass es ein blauer Fleck ist.

11:22

Welcher Name ist dir lieber: „Für mich gestorben" oder „Lügner" oder „Arsch"? Möchte dich im Handy anders einspeichern.

11:23

Bin gestern noch mit zu meinem Prof. Hab mit ihm geschlafen.

11:24

Ich hab dir gesagt, dass das früher oder später passieren würde!

11:26

Früher wär besser gewesen. Bin durchgefallen.

11:26

Hab eben mit P. telefoniert. Ihr Vater hätte gerne gewusst, wie der Rasentraktor auf den Grund des Pools kommt!

11:27

Wow! Das ist ein nagelneuer Zug! So richtig neu! Der riecht sogar neu! Hammer!

11:29

Uiuiui ... mach irgendwas Verrücktes!

11:32

Ich hab die Lederbezüge abgeleckt! XD

11:32

Hi Mama. Sind vor 2 Stunden gut im Urlaub angekommen. Ich hab 'ne Platzwunde am Hinterkopf, aber sonst geht's uns gut. Hab dich lieb.

11:33

Na ja, ich würde schon wollen, dass er herkommt. Wir verstehen uns gut und er weiß, dass ich treu bin, also wird er nix versuchen. Außerdem fährt der bestimmt nicht 600 km nur wegen Sex ...

11:46

Odysseus ist wegen Sex mehr als 1000 km unterwegs gewesen. Und hatte 'ne ganze Armee dabei :-P

12:06

Als ich nochmal erwähnt habe, dass ich vergeben bin, hat er abgesagt.

11:34

Servus Leute. Ihr wisst, ich mach jeden Scheiß mit, ist ja auch Weihnachten und so, aber wo zum Henker ist meine Haustür? Hab übelst den Schädel und meinen Nachbarn im Flur stehen. Das ist sauuncool!

11:34

Hey, war ’ne hammer Nacht! Hier hast du noch meine Nummer! Meld dich mal!

11:38

Freitag oder Samstag?

11:35

Alter, ich hab gestern L. (sie total betrunken) gefragt, ob sie mit zu mir will. Sie: „Kann ich deinen Penis sehen, bevor ich Zeit in dich investiere?“

11:40

Und wie isses ausgegangen??

11:48

Gut!

11:35

Lass da mal öfter Party machen. Das Toilettenpapier von denen riecht nach Vanille!

11:35

Das Beste, was einem im Suff passieren kann, ist, dass der Akku die Grätsche macht. Leider wurde mir dieses Glück gestern zu spät zuteil ... Bin wieder solo :-(

11:36

Hey! Gestern war schön mit dir. Aber wieso hast du immer meine Hand weggemacht, magst du es nicht, wenn man dich streichelt?

11:39

Ein Kitzler ist kein Rubbellos!

11:40

Stell dir vor, du bist vor 1 Stunde auf Ibiza gelandet, soeben im Haus angekommen, Sonne scheint und du zischst erst mal ein kühles Bier. Es wird langsam heiß, du schmeißt dich in die Badehose, Schampus ist gekühlt und wird gleich mal auf der Terrasse getrunken, du genießt die Aussicht und freust dich auf 2-3 geile Wochen voller Party, schönen Frauen, gutem Essen ... Viel Spaß beim Lernen ;-)

11:45

Stell dir vor, ich bin gerade bei dir zuhause angekommen, du machst die Tür auf, lächelst mich an, weil du dich freust mich zu sehen, und ich hau dir für diese SMS volle Kanne auf die Glocken, du sinkst zusammen, hoffst, du hättest die SMS nie geschrieben, und hast in Zukunft mehr Angst vor mir als vor der GEZ, wenn es wieder mal klingelt.

11:43

Hey Süße! War echt schön gestern! Hast du Lust, dich heute mit mir zu treffen?

11:59

Ich weiß gerade nicht, wer du bist. Habe ich dich gestern auf dem Schützenfest kennengelernt? Wenn ja, muss ich dir sagen: Ich bin mit 30 Euro hingegangen, kam mit 36 Euro zurück und hatte heute morgen 5 SMS von 3 verschiedenen Menschen auf dem Handy. Ich wechsel jetzt die Handynummer, geht wohl nicht anders.

11:50

Ey, voll praktisch: Wenn man in seinen Klamotten pennt, kann man aus dem Bett steigen und direkt zum Bäcker gehen.

IX 11:51 bis 14:54 Uhr
Ok, es weiß also jeder

11:51

J., könntest du in Zukunft nicht mehr mit Steinen auf mich werfen, wenn ich gerade geküsst werde?! :-D

11:54

Oh Mann, ich bin eben aufgewacht und hatte meine Lederleggings, die ich gestern beim Feiern anhatte, noch an.

12:00

Nur die Leggings? Das ist doch gar nichts! Ich hatte meine Schuhe noch an, meine Tasche noch umgehängt und den Haustürschlüssel in der Hand. War eine gelungene Nacht!

12:01

Hi Töchterlein, hoffe doch, es läuft alles bei dir. Denk bitte daran, mir nochmal die neue Nummer von B. zu schicken, wir wollten am Freitag anfangen, das Carport zu bauen. Viele Grüße und Ohren steif halten. Der Vater

15:30

Hallo Papa, ich glaube, das ist keine gute Idee. Haben uns getrennt. Wollte das eigentlich noch niemanden erzählen. Muss erst mal selber alles auf die Reihe kriegen. Meld mich, sobald ich kann. Hab dich lieb!

15:49

Du hast die Nummer vergessen. LG, Vati

12:02

Ich hab tatsächlich 'nen Foto vom Arsch meiner Chefin im Avatar-Kostüm auf meinem Handy.

12:03

Hab dich heute früh in unserer Küche vermisst. Wo hast du geschlafen?

12:12

Schau mal ins Zimmer deiner Mitbewohnerin.

12:15

OMG!!! Nein!!!

12:04

Das war der beste Sex meines Lebens! Der Typ ist ein Sexgott, ach was rede ich, er hat Sex erfunden! Und ab sofort habe ich ihn unter Lassie gespeichert und nicht mehr unter Lars! Ich muss ihn wiedersehen! Ich muss diesen Sex nochmal haben! Ahh!

13:00

So, hab mich beruhigt :-) Danke für's Kompliment, ich scheine die werte Dame ja echt aus der Fassung gebracht zu haben letzte Nacht :-) Aber wenn wir beim Thema sind, Samstag wieder in der Bar? Gruß, Lassie

12:05
Wo war D. gestern Nacht?!
12:06
Moment, da muss ich ihn erst mal fragen.
12:10
Also dein Freund war die ganze Nacht bei mir, wir haben gepokert und Bier getrunken :-)

12:06
Okay, Fazit meiner Party: Das Wohnzimmer ist voll mit besoffenen Menschen (ich bin nicht sicher, ob sie noch leben) – kein Problem. Den Fußboden kann man nicht mehr sehen, weil er voller Chips ist – kann man aufräumen. Irgendjemand hat in einen Plastikbecher und dann in den Blumentopf vor'm Haus gekotzt – selbst das toleriere ich. Aber welcher Idiot hat meinen ganzen Adventskalender leer gemacht?!?!?!

12:15
meine hose ist voll dreckig und ich habe überall blaue flecken. ich glaube menschen haben auf mir getanzt.

12:15
Alles Gute zum Geburtstag!
12:17
Falscher Tag und falscher Monat, aber danke.

12:17
Hey! Sag mal, ist meine Hose noch bei euch?
12:20
Nee, du bist gestern schon ohne gekommen.

12:17
Hey, die Nacht gestern war echt toll mit dir! Sollten wir das heute wiederholen?
13:36
Hm, ja, heute ist ganz schlecht ... Muss noch Altglas wegbringen und so.

12:17
Wie geil! Hab gestern Nacht an die Uni-Bib gepisst und heute ist sie wegen 'nem Wasserschaden geschlossen! :-)

12:17
Heute vor einem Jahr waren wir die Pille danach kaufen. Ach, ich liebe Valentinstag.

12:23
War ich gestern die Erste, die von meinem eigenen Geburtstag heim ist? Wo ist der Schlüssel? Wo sind alle, die bei mir pennen wollten? Wo kommt der Typ auf meiner Couch her? Warum ist der so dreckig und hat nur einen Socken an? Und wo sind meine Geschenke???

12:23
Wahre Freunde sind die, die nachts losfahren, um die besoffenen Eltern abzuholen. Vielen Dank nochmal!

12:24
Es gibt geilen Sex, schnellen Sex, scharfen Sex, Kuschelsex, Safer Sex, Gruppensex, Ledersex, Telefonsex und für Leute in deinem Alter: keinen Sex! Happy Birthday …

12:30
Wir sollten mal wieder zusammen weggehen. Ich denk öfter an dein Glied als an dein Gesicht!

12:30
Du hast ein Haar bei mir im Bett verloren :-)
12:43
Oh mein Gott, und ich suche das schon die ganze Zeit! Ich brauche es morgen ganz dringend wieder, ich komm schnell nochmal vorbei und hol es ab! Bis gleich :-*

12:30
Meine Oma wollte mir grade echt erzählen, dass man von Bier nicht süchtig wird! Wir sind gerettet :-D

12:34
Kann es sein, dass du dir gestern Nacht noch ein „bisschen" was zu essen gemacht hast?
12:37
Kein Plan, kann wohl.
12:40
Na danke, bist ja ein toller Freund! Mein ganzes scheiß Zimmer ist voll mit geschmierten Broten! 18 Stück, um genau zu sein!

12:34

Papa, kannst du mir schnell Geld überweisen – ich bin voll pleite und hier sind noch so coole Schuhe, die brauche ich echt! Bekommst das Geld auch zurück und ich helfe am Samstag mit beim Renovieren und so. Helfe auch bei Oma und geh mit dem Hund 1 Monat lang. Danke – du bist echt der beste Papi der Welt – ich liebe dich!!!

12:46

NEIN!

12:34

Habe beschlossen, das Alphabet krieg ich dieses Jahr noch durch. Kennst du einen Xavier?

12:35

Also, so besoffen kann ich gar nicht gewesen sein, ich konnte sogar beim Knutschen die Augen zumachen, ohne dass ich kotzen musste!

12:36

Ich wurde noch nicht drauf angesprochen.

12:42

Ok, es weiß also jeder.

12:36

Hey, ich hab dir doch gestern von der blonden 19-Jährigen erzählt. Die ist in der Nacht um 30 Jahre gealtert …

12:55

Ja, haste. Aber die war gestern schon so alt ;-D

12:36

Wann du hier? Du ok? Kuss Ma

12:38

Mama, SMS sind nicht wie Telegramme, du bezahlst nicht pro Zeichen, sondern für 160 Zeichen zusammen … Bin um 3 da, T. bringt mich. Alles gut hier :-) Kuss

12:37

Warst so komisch drauf heut Morgen. War irgendwas?

12:41

Zitat von heute Nacht: „Beeil dich, ich hab keine Zeit“!?

12:38
Und, gute Fahrt gehabt?
13:02
Fängt zumindest gut an, sitze verkatert und übernächtigt ohne Reiseplan in einem Regio ins Blaue und werde nur noch von Spucke und Optimismus zusammengehalten.

12:40
Du bist so ein Egoist! Geld allein macht nicht glücklich!
13:00
Aber in 'nem Mercedes weint es sich leichter!

12:40
Hallo Mama. Haben grad Bio und machen Blutgruppen. Kannst du mir deine Gruppe und entweder die Gruppe von Papa oder Tom sagen? Das wär lieb.
13:01
Die Gruppe von Tom heißt Tokio Hotel. Mama

12:40
Warum stecken 5 Euro in meiner Unterhose???

12:41

Schöne Haare, schönes Gesicht, schöne Schminke, schöne Klamotten. Das ist mein Motto.

12:43

Ja, wieso ziehst du das denn dann nicht auch mal durch?

12:44

Ich bin so dumm. Ich weiß, ich hab dir gestern ewig viele SMS geschrieben, aber ich hab alle auf dem Heimweg gelöscht, damit sie meine Freundin nicht findet, und jetzt hab ich den totalen Blackout von gestern. Hab keine Ahnung mehr, was ich dir geschickt hab.

12:51

Sie alle drehten sich hauptsächlich um meinen Arsch.

12:47

Liebe Mitbewohnerin, was machst du?

12:47

Ich singe :-)

12:48

Ach so. Ich dachte, du hast 'n epileptischen Anfall.

12:50

Sry, ich komme nicht mehr zurück! Der Supermarkt hat 'ne Klimaanlage und tolles Essen. Ich werde hier einziehen, lebe wohl!

12:56

Hab gerade 'nem Maikäfer das Leben gerettet. Der hatte sich die Hinterbeine mit Spinnweben zusammengeklebt :-) Und bei dir so?

12:58

Ich versuch jetzt krampfhaft keinen blöden Witz über Spinnweben zwischen den Beinen zu machen.

12:59

Brüderchen, bist du noch wach? Ich muss dir was sagen ...

13:14

Abgesehen davon, dass ich nicht dein Bruder bin, wir 1 Uhr mittags haben und ich im Unterricht sitze – ja, ich bin wach. Was willst du loswerden?

13:00

Erzähl mir doch mal was von deiner Freundin!

9:00

Meine Freundin ist eigentlich mein Freund. 1,86 groß, dunkelblond und ebenfalls selbstständig, allerdings als Baumaschinenmonteur.

13:02

Hab ihn gefragt, ob er Bock hätte heute Abend, er meinte, eigentlich wolle er Champions-League schauen mit Freunden. Hab gesagt, das sei okay, ich fahr dann heim zu meinen Eltern über die Ferien und vielleicht sehen wir uns ja im Sommersemester, dann meinte er plötzlich, er könne auch absagen und ob ich nicht erst Freitag fahren könnte, morgen hätte er auch Zeit! Ich hab Fußball geowned! Sex mit mir ist besser als Fußball :-D Ich fühl mich wie Gott.

13:04

Es stellte sich gerade heraus, dass L.'s bester Freund gar nicht gestorben ist, sondern nur seine Freundin mit ihm Schluss gemacht hat.

13:11

Dann hast du völlig umsonst beim Mitleidssex mit ihm dein Knie kaputt gevögelt.

13:05
Sollte ich es meinem besten Kumpel sagen, wenn ich weiß, dass seine Freundin ihm fremdgegangen ist?
13:45
Boa, gute Frage. Kommt auch auf die Konstellation an. Könnte er den Seitensprung kennen?
13:47
Ich denke schon ... Ist immerhin sein bester Kumpel :-/

13:07
Wann bist du in etwa bei uns?
13:09
Ich lieg noch unten auf der Couch bei euch ...

13:15
Mich hat gerade auf offener Straße ein kleines Kind gefragt, ob ich Breakdance kann. Sehe ich so aus?

13:19
Mensch, wart ihr besoffen! Ihr habt mich 2x fallen lassen!

13:20
Oh mein Gott. Ich hab grad aus Versehen die Ex von meinem Ex bei Facebook angestupst. Bin ich behindert?

13:30
Hey, du musst mir helfen. Meine Freundin darf nicht wissen, dass ich bei C. feiern war und da was lief, ok? Ich war also die ganze Nacht bei dir, danke, du hast einen gut. LG M.

13:45
Planänderung: Sie weiß es schon, kann ich bei dir schlafen?

13:30
Wie, schwanger? Könnte das wirklich sein?

13:35
Oh, ist 'ne lange Geschichte, oder soll ich eher sagen, eine kurze?

13:32
hab grad die welt gerettet. energie gespart, weil einkauf auf'm band nach vorne gestellt. die welt tagsüber ist betrunkenen-unfreundlich. man muss mit menschen reden.

13:33

Omg. Hab T. geschrieben, dass ich ihn im Anaconda nicht wiedergefunden habe. Er war gar nicht da! Mit wem hab ich dann bloß am Rhein geknutscht???

14:01

Dich kann man auch nicht alleine lassen.

13:34

Ey, hier sind Frauenklamotten in meinem Zimmer, aber keine Frau, was ist da los? Hab ich was verpasst?

13:34

Szene des Tages: Ein Mann steht auf dem Gehweg, pafft gemütlich eine Zigarre und schaut sich an, wie seine Frau das Auto freischippt. Die Welt ist doch noch in Ordnung in Westfalen.

13:37

Hey, hab grad aus Versehen ein entgegenkommendes Polizeiauto mit Lichthupe vor einem hinteren Polizeiauto gewarnt :-P

13:37
Laut Epheser 6, 1–4 haben wir aber beide einen Fehler gemacht.

13:39
Man hat mir ja schon viele Dinge an den Kopf geworfen, aber Zähne bis jetzt noch nie …

13:42
Hallo Mama, nur zur Info, habe gerade geheiratet. Liebe Grüße.

13:42
Ich hab 50 € in der Hose gefunden, die ich gestern anhatte! :-) PS: Ich hab auch die Hose gefunden, die ich gestern anhatte …

13:42
Wieso war denn gestern noch die Polizei da?

14:05
K. war der Meinung, er müsse noch 'n Fahrrad in die Pommesbude schmeißen.

13:43

Bin von der Polizei angehalten worden! Musste 30 Euro bezahlen, weil meine Oma nicht angeschnallt war. Hatte hinten auf'm Rücksitz viel Zucker, da die Tüte kaputtgegangen ist, da ham' die gedacht, es wär Koks. Saukrass :-O

13:44

Ruf mich am 7. gegen 13 Uhr mal an, ich habe kein Zeitgefühl mehr – möchte nicht ausschließen, dass ich schon seit 17 Tagen in meinem Bett liege, ohne mich zu bewegen ... Ich hasse Urlaub, wenn alle anderen arbeiten!

13:49

Er war ungelogen nach 5 Sekunden fertig und wollte von mir wissen, ob es für mich auch so gut war wie für ihn ... Ich hab nein gesagt, hab mich angezogen und bin zurück in die Disco.

13:49
Warum hast du so grimmig geguckt?
13:53
Mein normaler Gesichtsausdruck ... Es ist kalt und windig.

13:51
Die Bauarbeiter sind zurück!!! Und jetzt rate mal, wer halbnackt in die Küche gelaufen ist. Haha! Guten Morgen, München!

13:52
Na, ich bin der, der gestern Nacht nicht die Augen von dir lassen konnte. Du hast mir deine Nummer gegeben, weißt du noch? :-)
14:17
War ich so besoffen, dass ich dir die richtige gegeben hab?!

13:54
Wie is Krisengespräch mit deiner Ollen verlaufen?
14:02
Was denn bitte für'n Krisengespräch?!
14:10
Oh, dann hat sie sich wohl für „nix erzählen" entschieden, alles klar, vergiss es.

13:55
Hab 'ne SMS von meinem Chef bekommen. Das ist glaub ich die erste SMS, die ich bekommen habe, seitdem ich das Handy habe, die mit korrekter Rechtschreibung geschrieben wurde.

13:56
Hastn neues handy?

13:56
Nee, aber auch keine neuen Freunde.

14:02
Mich nervt schon wieder der kleine Junge, der jeden Dienstag im Bus ist. Er meint, mein Vater wäre ein Hund und meine Mutter ein Pferd. Der ist so ein Verkehrsunfall, ey.

14:05
Was wärst du denn dann? Ein Herd? :-D

14:06
Wer lebt grad mein katerfreies Leben? Ich will es zurück!

14:13

Ich hab gerade gelernt, wie man mit richtigem Sprachgebrauch und Sprachverhalten erfolgreich und adäquat eine Bank überfällt, was extremst fein ist, da ich für heute Abend eh null Kohle hab!

14:53

Ich weiß beim besten Willen nicht, was bei dir abgeht, aber wenn du einen Platz zum Untertauchen suchst, steht dir jederzeit gerne unser Keller zur Verfügung ;-) Kaution würde ich natürlich auch bezahlen.

14:15

Ich kann tote Menschen sehen!

14:36

Alter! Findest das nicht ’n bisschen makaber vom Friedhof aus während der Beerdigung deiner Oma SMS zu tippen?

14:15

Moin, hier hat gerade ein Hahn in der Bib gekräht. Komisch! Falls gleich auch noch eine Kuh muh macht, gehe ich heim! Das ist doch kein Zoo!

14:18

K. hat mir gesagt, dass er mich immer noch liebt und alles bereut! Du weißt doch, er hat Schluss gemacht, weil er meinte, es wäre ein No-Go, wenn ich mich mit M. treffe! Und ich hab doch 'nen Monat nur geheult ... Und jetzt sagt K. mir, dass er mich wieder liebt! Weißt du, was ich mache? Ich werde ihm die große Liebe vorspielen und ihn dann so verletzen, dass ER mir mindestens 873643 Monate hinterherheult, und dann werde ich mit seinem Bruder rummachen! Guter Plan oder was? Hahahaa!

14:51

Schön zu wissen. Gruß K.

14:20

Ich hab grad ein Päckchen für meine ca. 100 Jahre alte Nachbarin angenommen :-) Es vibriert!!!

14:23

ich kann mich an samstag nacht nicht mehr erinnern

14:31

ist okay, ich kann mich an 2007 nicht mehr erinnern

14:27

Hey, können wir bitte so tun, als ob letzte Nacht nicht passiert wäre? War ja voll schlimm der Typ!

15:01

Geht nicht. Wir haben 'nen Zeugen, H. hat alles gesehen, hat er mir heute erzählt.

15:04

Ok, neuer Plan: Alle Zeugen müssen eliminiert werden …

14:28

Hey Süße, hast du eigentlich irgendwas von letzter Nacht mitbekommen?

14:35

Was meinst du denn??? Ich bin schnell eingeschlafen, als ich vor ihm ins Wohnzimmer geflüchtet bin.

14:37

Ja danke dafür nochmal :-/ er hat mich die ganze Nacht befummelt, und als ich meinte, hör auf, das ist alles Naturschutzgebiet da unten, hat er nur ganz trocken rausgehauen: „Na und? Ich bin von Greenpeace!"

14:30
Ich liebe dich, du musst doch verstehen, sie hat es ausgenutzt, dass ich so voll war, ich liebe nur dich, unsere Beziehung ist doch so schön, denk doch mal nach, wie glücklich ich dich gemacht hab bis jetzt.

14:30
Toll! Mega hingeflogen beim Schlittschuhlaufen. Im Krankenhaus fragen sie mich jetzt nach dem Unfallhergang. Frage 9: War Glatteis? Frage 10: War gestreut?

14:32
hallm M. wir gehtn dr? Wcnn sfhn wr unt?
lg palio

14:43
Wer bist du und was hast du mit meinem Vater gemacht???

15:11
Tschuldige, kapiere mein neues Handy nicht.
Hab wieder mein Altes hervorgekramt :-)
LG Papa

14:32
Stell dich niemals, NIEMALS hinter Japaner an eine Foto-Sofort-Ausdruckmaschine, wenn deine Jugend dir etwas bedeutet!

14:35
Hab gehört, du bist wieder auf'm Markt?
14:49
Nee, bin zu Hause!

14:37
Okay mein Zug kommt um 15:43 in T. an, ich klingel dann einfach bei dir!
16:17
Geh doch an dein Handy ran! Ich steh hier und mach Sturmklingeln!
19:43
oh shit, sry hab bis eben gepennt. hab ne harte nacht hinter mir. bin übelst verkatert :-D ich mach dir jetzt auf, falls du noch da bist.

14:47
Haha, mein Wellensittich spaziert grad auf meinen nackten Brüsten rum und denkt, meine Leberflecke wären was zum Essen.

14:37

Hallo. Bin eben aufgewacht und versuche rauszufinden, was ich gestern gemacht hab. Deine Nummer ist neu in meinen Kontakten, da dachte ich, du kannst mir vielleicht helfen? Übrigens, da du unter „Schöne Hupen" gespeichert bist: Entschuldigung schon mal, falls ich was Dummes gemacht hab. LG R.

14:59

Hallo :-D Entschuldigung angenommen. Ja ich denke, ich kann helfen. Wollen wir uns vielleicht 16:00 Uhr auf 'nen Kaffee treffen? LG, schöne Hupen (darfst auch Lisa sagen :-P)

14:39

In der Bahn. Versoffener, langhaariger Althippie, ca. 50 Jahre alt, auf'm Vierer vor mir erzählt seinen ähnlich schmandigen Freunden von 'nem 3er, den er letztens mit eineiigen Zwillingen hatte. Muss sowas von dringend pinkeln, aber kann doch auf keinen Fall dieses Gespräch verpassen!

14:45
Hast du das Greatest Hits Album von Wolfgang Petry?
14:48
Seh ich aus, als würde ich abends meine Zähne ins Wasser legen?

14:45
Mann, jetzt kann ich echt gar nix mehr! Gerade beim Zahnarzt gewesen, ganze rechte Seite taub! Ich darf nix essen. Und dann auch keine Stimme mehr.
14:51
Hättest du jetzt noch die Finger gebrochen, hätte ich Ruhe :-P

14:46
Wo seid ihr?
14:48
Wir sind beim Baum …
14:51
Wenn du mir jetzt noch sagst, ob der Baum Blätter hat, dann weiß ich, wo ihr seid …

14:48

Habe langsam das bedrückende Gefühl, vergessen zu haben irgendein existenzielles Kleidungsstück anzuziehen, weil die Leute mich heute noch mehr anstarren als sonst!

14:50

Werde das gleich fachmännisch überprüfen ;-)

14:50

Meine Oma hat mich gefragt, ob Facebook das mit dem Dieter Bohlen ist ... Ich hatte keine Lust, es zu erklären, deshalb hab ich ja gesagt :-)

15:01

Du lügst deine Oma an? :-(

15:02

Pff, ich bin mir sicher, dass Dieter Bohlen Facebook hat!

14:54

Ich bin voll stolz auf mich. Seit Juli hatte ich mit keinem Typen mehr was, von dem Zwischenfall mit dem Schaf mal abgesehen.

14:33

Hey Schatz. Ich und Papa kommen gleich heim! Haben deinen Freund im Baumarkt getroffen und bringen ihn dir mit.

14:41

Oh Gott, Mama – wir sind nicht mehr zusammen!

14:55

Wieso du da nicht mit bist, dann hätte die Blonde auch angebissen. Danke.

15:06

Nee bringt nichts, musst weiterdenken. So denkt die: „Hm, der ist gar nicht so leicht zu haben, der ist bestimmt anders als alle Männer." Taktikschulung 1: Zappeln lassen.

15:10

Als ob du das gedacht hast in deinem Zustand …

14:56

Ich hab voll das Problem. Es ist Sonntag und ich weiß nicht was ich machen soll!

15:11

Das Schöne an dem Problem ist … es ist deins!

X 15:03 bis 18:59 Uhr

Lass uns weiterschreiben, wenn wir betrunken sind

15:03
OMG er hat's geschafft! Ich bin gekommen! Er ist sooo stolz auf sich! Vielleicht sollte ich doch nicht Schluss machen?

15:04
Ich glaub, ich hab mich gestern in dich verliebt! :)

15:09
Wow! Kommt ja früh nach 3 Jahren Beziehung!

15:06
Meine Freundin kam gestern zu mir und den Jungs an den Tisch, stellt mir 'nen Drink hin, drückt mir 'nen Kuss auf die Stirn und meint: „Du trinkst so wenig". Ernsthaft, Frau für's Leben, oder?

15:08
Du machst dir zu viele Gedanken. Alkohol macht nur dann Spaß, wenn man sich nicht an Wochentage oder Zeiten bindet ;-)

15:45
Das nennt man dann nicht Spaß, das nennt man Alkoholismus.

15:10
Stell dir vor, mein verlorengegangenes Hemd ist wieder aufgetaucht!

15:13
Ja, wie denn das?

15:15
Hab's vorhin aus'm Briefkasten gezogen :-D

15:11
Warum tragen manche Frauen bauchfrei, obwohl sie nicht bauchfrei sind?

15:11
Alter, bin ich verliebt oder hab ich nur Hunger?!

15:12
Ich habe gerade festgestellt, dass der Lichtschalter auf der Toilette, den ich seit 5 Monaten täglich drücke, eigentlich eine Steckdose ist.

15:13

Kommst du bemüh hjvbivuh. €cum. Hom cfbuhnnhbbbj beischriebetul pp

15:15

Stell mal deine Handytastatur um, die ist immer noch auf Klingonisch konfiguriert!

15:15

Wenn du schon bei mir durch's Kellerfenster einbrichst und Spaghetti kochst, die ganze Küche einsaust und mein Bier mit wem auch immer trinkst, dann räum deinen Scheiß auch nächstes Mal weg! Spast!

15:31

Oh Mann, war ich besoffen. Woher weißt du das? Ich wollt's dir eigentlich noch sagen. XD Hat H. es dir schon erzählt, oder was?

15:33

Deine Jacke mit deinem Geldbeutel und Ausweis liegt hier auf dem Boden!

15:19

Ich glaube, ich bin 20 Kilo leichter. Wasser! Ich brauche Wasser!

15:21

Nein, du bist immer noch fett. Aber dehydriert. Deswegen die Halluzinationen.

15:20
Wer ist Sarah und was macht der Döner in meinem Mantel?

15:24
Zopf oder Haare auf?
15:26
Boah, ja das ist auch mein Problem. Aber ich mach mir 'nen Zopf :-) Nackt oder mit Klamotten?! :-D
15:27
Boah, ja das ist auch mein Problem. Aber ich geh nackt :-)

15:29
Befinde mich soeben im Reich der Dinosaurier, zusammen mit J. Es gibt Erdbeerkuchen.
15:31
Du hast gekifft? :-D
15:33
Nein Mann, wir sind bei J.'s Tante im Altenheim :-) Da spielt so 'ne Seniorenband – übelst dope!

15:29

Hallo Mum, wünsche euch auch ein gutes Neues! Ich bin gut reingerutscht, fast zu gut, sodass ich das Essen heute um 19 Uhr absagen muss, weil ich mit jemandem einen Termin beim Frauenarzt habe.

15:30

Ich bin dein heimlicher Verehrer, ich liebe dich, aber ich könnte dir meine Liebe niemals gestehen. Ich habe Angst davor, dass du mir sagst, du willst mich nicht ... In ewiger Liebe, dein geheimer Verehrer :-)

15:45

Ähm ok, leider habe ich deine Nummer in meinem Handy gespeichert, ich weiß also, wer du bist, und ja, du hast recht, ich will dich nicht, sorry.

15:30

Alter, ich differenzier' jetzt nur noch, was ich mir heute Abend integrieren werd! Es leitet sich ab, dass Substitutionsmittel vernachlässigt werden, während ich mich dem Grenzwert annähere. Der Bockt-mich-Faktor wird in Abhängigkeit von Alkohol gegen null gehen. Die resultierende Stimmung geht gegen unendlich!

15:30

War schön dich kennenzulernen, auch wenn ich das „ist nicht das einzige“ nicht mehr vergessen kann …

16:20

Also um ganz ehrlich zu sein, kann ich mich an kaum was erinnern. Nicht an „ist nicht das einzige“, noch daran, wie du ausgesehen hast. Ich weiß, dass ich dich gefragt hab, wie alt du bist. Ich weiß nicht mal mehr, ob ich dir Tschö gesagt habe. Meine Freundin hat mir gesagt, ich soll dir schreiben, sie sagt, du warst nett.

15:30

War bis gerade eben auf einer Beerdigung …
Was machen wir heute Abend?!

15:32

Anzeige von meinem Schrittzähler nach der Nacht von Samstag auf Sonntag: 13546 Schritte … am Tag danach: 8 Schritte ;-)

15:33

Diesmal haben wir definitiv, endgültig, unumstößlich, für immer und unwiderruflich miteinander Schluss gemacht! Schnauze voll!

15:35

Ich weiß, aber ich hab mit dir Schluss gemacht und nicht wir miteinander.

15:34

Hab jetzt ein Lippenpiercing!

15:40

Hab gedacht, du warst nur beim Zahnarzt?!

15:43

Ja, aber weil dann eh schon alles taub war, hab ich mir gedacht: Das kann ich jetzt viel schmerzfreier machen :-D

15:36

Haste morgen Zeit? Wir haben 'ne Überraschungsparty geplant für dich.

15:40
Hey, ich mach Schluss, das wird mir alles zu viel …
15:40
Was? Wieso das jetzt auf einmal???
15:43
Ich bin Steinbock und du ein Arschloch. Das passt nicht so gut zusammen!

15:41
Hahaha, hab gerade Emilia Galotti gelesen, immer wenn Emilia was gesagt hat, hatte ich diese Stimme von Barbie aus den Barbiefilmen im Kopf und hab mir vorgestellt, wie panisch Barbie das schreien würde …

15:42
Wir beobachten grad J.! Er isst ein Sandwich und sieht so sexy dabei aus!
15:50
Waas? Wo seid ihr?
15:55
Keine Angst! Er kann uns nicht sehen, wir sitzen im Gebüsch.

15:45
Ich mache mich jetzt auf die Suche nach meiner Hose und kümmere mich dann um die geplante Weltherrschaft.

15:46
Ich hasse es, schöne Unterwäsche zu tragen, wenn mich keiner nackt sieht.

15:54
Hallo, ich mache Schluss. Ruf mich bitte nicht an oder so. Viel Spaß bei der Party und mach dir bitte nix draus. Du bekommst sicher bald eine bessere Freundin, die dich mag, die hübscher und netter ist als ich! LG

16:30
Hast recht! Klasse Aktion.

15:56
Tut mir leid, Schatz, ich hab gerade Bambi gegessen ;-)

16:00
Langsam kriege ich das Gefühl, ich werde dich immer lieben.
16:25
Locker.

16:03
Ey M., ich hab 'nen Problem … Ich glaub, ich bin in 2 Leute verliebt! Meld dich.
16:05
In dich und … ?

16:05
Fuck fuck fuck! Hab mich beim Rasieren geschnitten! Und zwar nicht im Gesicht!

16:07
Ich steh im Regen :-/
16:07
Stell dich irgendwo unter?!
16:08
Bin ich zu cool für …

16:11

Alles bestens, müssen wirklich! Müssen nachher telefonieren, hab offiziell Neuigkeiten!

16:28

Müssen Satzbau üben. Müssen wirklich!

16:12

Persönliches Highlight des Tages: Vom alten, dicken Müllmann einen Luftkuss zugeworfen bekommen :-)

16:12

Hey, ich wollt' nur kurz erinnern, dass es mich gibt und dass wir uns um 18 Uhr am Mac treffen. Ich hab ein wenig Angst, dass du mich vergisst. Es ist Karneval. Ich ruf dich an.

16:22

Alter, ich ruf dich morgen zurück. Befinde mich grade in intensiven Friedensgesprächen mit der Kloschüssel.

16:42

Die Friedensgespräche wurden von einer Reihe von Anschlägen der Magen-Darm-Fraktion überschattet. Unter den Opfern befindet sich auch ein T-Shirt.

16:23
Alles begann, als sie zurückgeschlagen hat.

16:28
Alter ... Schon mal 'nen Müllsack hochgeworfen und versucht, im Flug da reinzukommen? Echt schwer!

16:29
cöl

16:30
Ich vermute, das sollte cool heißen.

16:31
Jupp, das sollte cöl heißen.

16:33
Du erweiterst meinen Wortschatz.

16:30
Heute Abend Straßenfest? ( ) ja ( ) nein ( ) vielleicht ( ) total betrunken ( ) ich fahre. Bitte ankreuzen.

16:35
Heute Abend Straßenfest? ( ) ja ( ) nein (x) vielleicht (x) total betrunken (x) ich fahre. Bitte ankreuzen.

16:35
Bist du eigentlich morgen alkoholmäßig in der Lage, uns vom Flughafen abzuholen?

16:35
Oh Mann, für das Geld hätte ich mir genauso gut 'nen Callboy bestellen können. 25 Euro für's Taxi, 18 Euro Bereitschaftsdienst, 17 Euro Apotheke für Pille danach und 11,70 Euro für ein Medikament bei Harnwegsinfektionen :-(

16:37
Wir waren mitten auf der Tanzfläche, als „Kings of Lion – Sex on Fire" kam ... J. legt sich einfach auf den Boden auf'n Rücken, zieht Arme und Beine an wie eine Schildkröte und sagt zu mir: „Dreh mich!"

16:39
Hey, ich hab mich grad aus psychoanalytischer Sicht selbst analysiert. Und jetzt hab ich Angst vor mir.

17:03
Jetzt erst?

16:43
Ich habe gerade versucht, mir einen ganzen Topf Creme ins Gesicht zu schmieren, es hat funktioniert. Strike!

16:48
Haben grad Botanik und überlegen uns, wie wohl ein Pflanzenporno vertont werden würde ...

16:50
Ja und?

16:53
Reib dir den Rettich, du Nacktsamer!

16:49
Alter Mann, mach mal deine Tastensperre rein. Du rufst die ganze Zeit bei mir an.

16:50
Ich ruf bei dir an, weil ich mit dir sprechen will, du Pfosten!

16:54
Heute vor 17 Jahren bist du entstanden!
LG Mama

16:55

Hab gerade dein Weihnachtsgeschenk umgetauscht. Jetzt bin ich um 80 Euro und die Nummer von der heißen Kassiererin reicher! Tja, hättest halt erst nach Heiligabend mit mir Schluss machen sollen!

16:58

Ey, lass mal heute Abend 'ne Star-Wars-Nacht starten. Alle 6 Teile hintereinander schauen. Ich besorg den Beamer und du das Bier :-P

16:59

Nee, du weißt doch, dass ich nicht so auf das Weltraumzeug stehe!

17:05

Alter!!! Du studierst Luft- und Raumfahrttechnik!

17:00

Hey! Wollte euch beiden alles Gute zum Best-Friends-Tag wünschen!

18:44

Warum uns? Such dir gefälligst andere Freunde, wir mögen dich nicht mehr. Ein Pappaufsteller von Thomas Anders nimmt jetzt deinen Platz ein.

17:03
Ich hab grad geweint, weil ich voll den Kater hab und die ganze Zeit Fleisch esse. Außerdem wurde mir gestern gesagt, dass ich 'ne Schlampe sei, und ich befürchte, das stimmt ... :'-(Liebe dich.

17:05
Habt ihr noch was Antialkoholisches im Kühlschrank?

17:08
Kannst ein Ei haben ...

17:08
Leere gerade meinen Briefkasten. Und sehe da so einzelne Katalogzettel. Möbelkatalog. 4 Betten mit Preis. Und daneben steht: „PS: Das hört sich ja schräglich an. Kauf dir bitte ein neues Bett. Gruß, deine Nachbarn." Und ja, die haben schräglich geschrieben!

17:09
Sorry, hab das Handy vorher nicht gehört, mein Vibrator war so laut. Was wolltest du?

17:10
Weißt du zufällig, wo man so ein Erinnerungs-Auslösch-Blitzdings wie bei „Men in Black" herkriegt?
17:11
Fragst du wegen der Form der Dinger – oder willst du jemanden blitzdingsen?
17:12
Ich will geblitzdingst werden :-)

17:14
Hab gerade für meinen Ex-Freund und meine Freundin, die mit dem zusammen ist, Kondome gekauft :-/ Welch Ironie …
17:19
Warum das denn, du Doofi? ;-D
17:24
Wollte nicht alleine zum Supermarkt, aber die hatten kein Geld … Na ja.

17:14
Ich hatte einen dermaßen beschissenen Nachmittag, dass ich mich am liebsten hemmungslos besaufen würde. Da ich Besäufnis als Frustverarbeitung ablehne, bleibt nur hemmungsloser Sex. Da ich für hemmungslos zu müde sein werde, bleibt Sex. Den hätten wir sowieso. Wie belohnt man sich für das Überstehen eines Scheißtags?

17:14
Geht heute noch was?

17:16
Weiß nicht, ich hätte auf jeden Fall Zeit. Trunk und Tanz fällt bei mir allerdings aus. Was hast du denn vor?

17:20
Was wäre denn mit Kino, Essen, Konsolenabend, DVD-Abend, Kanufahren, Ponyreiten, Klettern, 'ne Höhle bauen, Versteckenspielen, Bierchen trinken, mit den Tieren in deiner Nachbarschaft ins Gespräch kommen, 'ne Bank überfallen, Geld drucken, Melken … Tja, mehr fällt mir auf die Schnelle auch nicht ein!

17:21
PS: Hättest mir auch sagen können, dass ich Rasierschaum im Gesicht hatte.

17:25
Sorry, ich dachte, das muss so sein.

17:28
Das ist ja der Wahnsinn!!! Müller Müller Müller! Ich liebe Müller, und Deutschland … und dich.

17:32

Sach mal, wann kommste heut heim? Sitzen bei dir schon auf der Couch! Übrigens haben wir versucht den Kühlschrank zu putzen. Irgendwas hält da von innen die Tür zu?!

17:48

Zu Punkt 1: so gegen 19.30. Zu Punkt 2: Es könnte der Käse sein, bin aber nicht sicher, schrei es mal an bzw. beleidige es, vielleicht lässt es dann los?!

18:01

Junge, es antwortet und sagt, wir sollen uns verpissen! Schmeißen jetzt einfach den kompletten Kühlschrank aus'm Fenster ... Geht klar, oder?

17:35

Hey, gehst du heute auch auf Katis Party?

17:38

... ich BIN Kati.

17:46

?

17:46

Jo

17:47

Wahres Männergespräch.

17:47
Hey, warst du unter meinem Facebook-Account on? Irgendwer hat scheiß Kommentare hinterlassen. Ich ändere mal mein Passwort vorsichtshalber ...

19:27
Vergiss, was ich gesagt habe. Ich war's wahrscheinlich selber, als ich an Silvester stockbesoffen war. Ähem. :-D

17:48
Ich habe heute jemanden kennen gelernt, der kann Orangen zwischen seinen Schenkeln zerquetschen. Ungewöhnliche Begabungen sind was Schönes.

17:49
Ich muss dich wiedersehen, sonst muss ich zu Kai Pflaume. Bitte!

17:52
Achtung Rund-SMS! Mein Leben geht offiziell den Bach runter! Wurde grad gefragt, ob ich ein Umstyling mitmachen will! Exitus!

17:54

Er hat tatsächlich rosa und weiße Rosen mitgebracht! :-D Und 'nen Cheeseburger ... Über den habe ich mich gefreut!

17:56

Hey meinst du, dein Bruder freut sich, wenn ich ihm eine Zimmerpflanze für seine neue Wohnung schenke? Gruß Mama

18:07

Wenn man sie essen oder rauchen kann, schon.

18:04

Ein kleines Mädchen hat ihr Gesicht zwischen meine Brüste gedrückt ...

18:07

Haha, was wollte die denn?

18:09

Nase wärmen.

18:06
Aaaaaalter, ich geh morgen den „Verein untervögelter Menschen e.V." eintragen lassen. Machst du mit?
18:06
Uppsalla. Sorry Schatz, die SMS war nicht für dich, kannst aber auch mitmachen!

18:06
2 Rosen, 7 Euro. Da krieg ich ja Gras zu 'nem besseren Tarif!

18:07
Bring nachher mal Gummis mit.
18:19
Seit wann nimmst du die Pille nicht mehr?!?!?!
18:26
War gestern voll und hab die ganze Packung für 20 € als Droge an so 'n Trottel verkauft. War heute zu verkatert, um neue zu kaufen ;-)

18:13
Lass uns nachher weiterschreiben, wenn wir betrunken sind, ok?

18:18

Hey :-* Wenn du heute Abend fertig bist, sollen wir uns dann treffen? Wir könnten einen Spaziergang machen oder ich hole was zu essen + DVD? Je nachdem wie es bei dir geht und ob du Lust hast. Dicken Kuss :-*

20:23

Du kannst gleich zu mir kommen zum Aufräumen. Ich schreib nochmal, wann genau.

18:23

Hey ich glaube, ich habe meinen Ring bei dir auf dem Nachttisch liegen lassen. Wäre nett, wenn ich ihn demnächst holen könnte.

19:46

Sorry, meine Freundin hat den gefunden und ich hab ihr gesagt, er wäre ein Geschenk für sie. Die Nacht war aber spitze, gerne wieder ;-)

18:25

Ich glaub, ich heirate die Frau. Sie hat sich extra 'ne Gummiente gekauft, um sie dann in ihrer Manteltasche zu verstecken und zu quietschen, wenn ich ihr an die Brüste fasse.

18:30

Der Verkäufer von unserem Getränkemarkt hat mich gerade umarmt und gesagt: Endlich bist du wieder da, als ich nach den Semesterferien wieder für unsere WG Alk einkaufen war …

18:30

Habe gerade Pfand abgegeben und in einem Kasten noch eine volle Flasche Bier gefunden. Das Leben kann so schön sein ;-)

18:34

Hey K., ich glaub, ich hab ihn am Bierstand gefunden. Wo bist du?

18:45

Super! Packt ihn, wascht ihn und bringt ihn in mein Zelt!

18:34

Die Prinzessin ist in den Toaster gefallen!

18:41

Welche Prinzessin?

18:43

Deine Star Wars Legofigur von Prinzessin Lea. Sie steckt fest … Aber ich konnte ihre Haare retten!

18:35

Schade für dich L., aber 'ne Affäre hat für mich mit ungehemmter Lust, Geilheit, Hingabe und einer ungezügelten Portion Offenheit zu tun und das ewige Frauen-Gedenke hat für mich da keinen Platz, da verschwende ich meine Zeit. Ich denke wir lassen das, deine Sachen liegen im Briefkasten, alles Gute!

18:35

Hätte nicht gedacht, dass du mich verlässt. Irgendwie auch schade, ich meine, ich liebe dich noch, aber wenn du mit so 'nem kleinen Streit nicht klarkommst, ist das ok. Wir können ja Freunde sein und in 2 Wochen wieder zusammen kommen. Oder morgen früh, je nachdem, wie du willst.

18:37

Du hast zwei Möglichkeiten: Entweder ich schlafe mit dir und wir sind zusammen oder ich bin morgen weg und will dich nie wiedersehen.

18:43

Kann ich beides nehmen? :-)

18:39
Liebi liebi liebi liebi liebe lieba liebu! ficki ficka ficku! hihihi:-)

18:42
Manchmal frage ich mich, ob du wirklich die Ausbildung machst oder doch 'ne Therapie … :-*

18:40
Ich kann doch so halb in das Bad meiner Nachbarn schauen: Da seift der Typ grad seine Freundin ein :-D

18:46
Super, du spannst und ich trink allein Schnaps, schönes Paar sind wir :-P

18:50
Sind wir also endlich cool? :-o

18:44
Hol mich Ecke Jakobstraße ab. Der Busfahrer ist wahnsinnig. Wir sind grad quer in den Heideweg reingedriftet. Er lacht wie ein Irrer, ich hab Angst.

18:44
Ich würde mich gern irgendwie für dich verkleiden, aber meine Arme sind zu kurz …

18:48
Hey Süße, hast du Zeit zum Gassigehen? Was hältste von halb 8 an der FH?
18:50
Ja ok hört sich gut an, bin dann da.
19:01
Wollt dich noch vorwarnen, der S. und sein Leihköter kommen auch noch mit, aber du magst ja bekanntlich Männer ;-)
19:05
Ok, das heißt wohl, dass ich mir 'nen BH anziehen muss … :-(

18:49
Hey mein Schatz, ich liege nackt in deinem Bett und sehne mich nach dir. Wo bleibst du?
19:12
Hallo Daniela, Hannes hat sein Handy vergessen. Ich hab ihm gesagt, dass du hinten im Zimmer liegst. Er ist in 10 Minuten da. Grüße! Heike

18:50
Von weitem sehe ich besser aus.
18:51
Ich auch. Tja, dann wird das wohl 'ne Fernbeziehung.

18:52
ich bin voll mit bier. innen und außen.

18:55
Denkst du Nutte an die gelben Säcke?
18:56
Tut mir leid, es sollte BITTE heißen :-(:-(:-(

18:56
Ist das herrlich, wir haben L. erzählt, wir hätten alle Knieschützer im Kofferraum, und er hat's uns voll abgekauft :-D Jetzt hat er total Angst vor dem Konzert!

18:59
Hey, wann und wo treffen wir uns?
19:04
(leer)
19:07
Um 0 Uhr an einem geheimen Ort?

MIX
Papier aus verantwortungsvollen Quellen
FSC® C083411

Das für dieses Buch verwendete FSC®-zertifizierte Papier *Naturoffset* liefert UPM Kymmene Werk Nordland, Deutschland.